LE
BOUSCASSIÉ

Du même auteur :

LES MARTYRS RIDICULES, roman intime, 1 vol. in-12.

EN PRÉPARATION :

MES PAYSANS, 2ᵉ série.

LA FÊTE VOTIVE DE SAINT-BARTHOLOMÉE PORTE-GLAIVE, 1 vol.

Mes Paysans

LE
BOUSCASSIÉ

par

LÉON CLADEL

PARIS
ALPHONSE LEMERRE, ÉDITEUR
PASSAGE CHOISEUL, 47

M. DCCC. LXIX

A

Pierre CLADEL, *mon père,*

A

Jeanne-Rose MONTASTRUC, *ma mère,*

Parents, je vous dédie ce livre que j'écrivis, entre vous deux, sous le toit familial.

Léon-Alninien CLADEL.

Paris, 1ᵉʳ *Mai 1869.*

LE
BOUSCASSIÉ

S'IL est des chrétiens qui naissent tout vêtus, comme on dit en Quercy, *le bouscassié* (bûcheron habitant les bois) n'a certes pas été du nombre. En 1845, des vendangeurs l'ayant trouvé sous une souche, nu comme un ver et venant de naître, le portèrent incontinent chez le curé de Saint-Guillaume-le-Tambourineur. Bien que la recherche de la paternité fût interdite alors comme elle l'est aujourd'hui, le curé fit, à ce sujet, une enquête des plus minutieuses et qui n'aboutit point. Après maint et maint discours en l'air et force allées et mille venues en tous sens, on avança trois ou quatre hypothèses et l'on finit par admettre la dernière et la plus vraisemblable : quelque fille des environs, jalouse d'anéantir la preuve de ses amours clandestines, avait sans doute, à peine délivrée, abandonné l'enfant. Encore humide de rosée et tout couvert de terre, il fut baptisé sans retard, afin qu'en cas de mort il pût se présenter en l'autre monde plus décemment qu'il ne l'avait fait en celui-ci. Comme il avait été relevé le jour de la fête et sur la paroisse de Saint-Guillaume-le-Tambourineur, on l'appela Guillaume; et plus tard, pour le distinguer de ses divers homonymes, les paysans du lieu l'intitulèrent Inot, du nom même de la veuve Inot décédée sans progéniture, et à laquelle appartenait la vigne où, par un soir pluvieux d'automne, il avait été ramassé plus mort que vif. « Il va s'envoler, c'est un ange, » avaient pronostiqué, le voyant prêt à rendre l'âme, ceux qui l'avaient recueilli.

Mais à peine ondoyé, le nouveau Guillaume, né sournois sans doute, n'eut plus l'air de vouloir s'en aller là-haut et se mit dès lors à vivre ici-bas avec une opiniâtreté d'orphelin. N'ayant pour toute fortune que ses émoluments de fonctionnaire ecclésiastique et les légumes du potager confinant au presbytère, le curé de Saint-Guillaume, après avoir nourri durant quelques mois l'enfant à la fiole, tantôt avec du lait de vache et tantôt avec du lait de chèvre, parla tout à coup de le transporter à l'hôpital de Moissac : « A la longue, disait-il, il achèverait de boire toutes mes messes et me mangerait, toutes crues, et l'aube et l'étole. »

Oyant par hasard ce propos, un tailleur de pierres qui réparait l'architrave de l'église paroissiale, affirma que, si l'on voulait lui confier « la petite bête, » il s'en chargerait avec beaucoup de plaisir et la garderait tant qu'elle aurait envie et besoin de téter. Attention! il y avait eu moins de piété que de calcul en cette proposition, et celui qui l'avait faite était un malin. Il possédait une belle chienne de garde dont la portée était morte et que le lait tracassait à tel point qu'on avait dû, pour la soulager, lui mettre un collier de bouchons de liége : « et si cela ne suffit point à la guérir, avait prononcé le mage, il n'y a pas d'autre moyen de la sauver que de la traire abondamment et d'heure en heure, matin et soir. »

Ayant donc emporté le petit que, pour dire vrai, le prêtre avait béni de grand cœur, le tailleur de pierres s'avisa de tenter aussitôt cette très-singulière expérience : une chienne allaitant et faisant vivre un enfant, et le nourrisson sauvegardant la nourrice en la tétant.

Or, l'aventure réussit à merveille : la chienne se tira d'affaire, et l'enfant gros et gras et turbulent, grommela bientôt comme un jeune dogue. En vérité, la chose était surnaturelle et valait qu'on la propageât. On n'eut garde d'y manquer; on clabauda si fort que le *Courrier de Tarn-et-Garonne* consigna le fait et y vit la main de Dieu; les facultés crièrent à l'impossible et les thaumaturges au miracle; NN. SS. les évêques de Cahors et de Montauban, et S. E. le cardinal-archevêque de Toulouse lui-même en écrivirent au pape, et S. S. Pie IX, récemment élu, réunit le Sacré-Collége, où il fut sérieusement question de canoniser le bienheureux Guillaume le Tambourineur, qui devait bien être pour quelque chose dans le prodige.

Et, tandis que la rumeur allait grandissant et faisait le tour du monde, grâce aux clairons de la presse ultramontaine, l'enfant qui n'en pouvait mais s'acharnait à vivre et poussait dans son coin. Ayant délaissé le marteau pour la charrue, son premier outil, le tailleur de pierres, qui trouvait de plus en plus aimable la petite bête, s'en amouracha si bien que, même après l'avoir sevrée, il ne voulut point s'en séparer encore. Par instinct, sans doute, elle redoubla de gentillesse, la finaude ! Avisée et bien avisée, elle courait dans les jambes de son maître, s'y frôlait avec des cris inarticulés et doux, s'exprimant au mieux, car n'ayant que très-rarement entendu la voix humaine, elle n'avait aucunement appris à parler.

Il avait trois ans, Guillaume, et ne savait pas dire : papa, mama, ces deux mots si gentils et si tendres, les premiers qui sortent du berceau. Barbotant dans la mare avec les canards et les oies, rampant sous les bœufs pensifs devant la crèche, fréquentant la chienne qui l'avait allaité, tantôt marchant à quatre pattes comme sa mère de nourrice, et tantôt sur deux avec des allures de volaille, il se dirigeait à l'instar de ses compagnons qu'il avait pris pour modèles. Il mangeait à la manière canine, accroupi sur le ventre, grognant. Il hennissait comme le cheval et ricanait comme l'âne. Il se désaltérait à l'auge, ainsi que les porcs. Ses regards étaient parfois énigmatiques et graves comme ceux du bœuf, et parfois perfides et phosphorescents comme ceux du chat. Il savait bondir, grimper, ramper, montrer la griffe, découvrir la dent, soulever la croupe. Il digérait le foin et la paille aussi bien que le pain. Il avait peur de l'homme.

Il redoutait la nuit. Il aimait le grand air et le soleil, l'enfant trouvé.

Hélas! ses tribulations étaient loin d'être finies. Un beau matin, l'ancien tailleur de pierres, malade, ne se leva point. En vrai fils du Quercy qu'il était, il n'appela ni le médecin ni l'apothicaire, et se laissa ronger par la fièvre, claquemuré dans sa cabane, espérant toujours que le mal passerait... Ils passèrent ensemble.

Le cadavre — qui partout attire les corbeaux — appela les héritiers. Ils accoururent en foule et de toutes parts. En un clin d'œil la maison fut mise à sac. Qui s'empara des bœufs, qui du porc, qui de l'âne, qui de la chienne de garde, qui des meubles, qui des provisions, qui des ustensiles du défunt; un retardataire enleva la toiture, un autre abattit la moitié de la bâtisse et s'en appropria le moellon; au dernier la palme! il voulut mais ne put emporter le terrain : en somme, chacun se fit arbitre de ses prétentions en attendant que, selon la règle, le tribunal se mît enfin de la partie et prononçât le droit.

Personne ne voulut de l'enfant, cela va sans dire. On le laissa s'arranger à sa guise avec les araignées, les cloportes et les rats, seul entre les quatre murs à nu de la chaumière découronnée. La faim l'en fit bientôt sortir. Il vécut alors comme il put, battant les campagnes, errant, recevant de loin en loin un morceau de pain, se nourrissant de fruits de racines et de cèpes qu'il trouvait sur son passage, couchant à la belle étoile, abandonné, solitaire et farouche.

Il fallait manger tous les jours cependant, et la charité publique ne lui fournit bientôt pas assez de pain pour cela. Que faire ? Inot alla chez un vieux taupier qui parfois lui avait donné l'hospitalité dans sa hutte, et celui-ci lui montra la manière de tendre des piéges et d'y prendre éperviers, furets, belettes, taupes, fouines, faucons, loutres, buses, chouettes et renards. En quelques leçons le petit apprit tout ce que savait son maître et puis il pratiqua pour son propre compte.

On le vit bientôt après aller se pavanant à travers hameaux et villages : il avait à la main une perche où pendaient les dépouilles de plusieurs sortes de bêtes à bon droit considérées comme très-nuisibles et très-malfaisantes entre toutes, et soufflait, rose et joufflu, dans une petite trompe d'argile qu'il portait en bandoulière avec un fer de sarcloir et des pipeaux. Accommodé de cette façon, il n'avait qu'à se présenter, sa chasse à la main au seuil des métairies et des chaumières, il était immédiatement payé de sa peine en nature, — œufs, blé, maïs ou légumes — un us immémorial voulant que, quiconque a, dans le pays, détruit un ou plusieurs animaux ravageurs, reçût de chaque maison en particulier une redevance proportionnée à l'importance de la proie; ainsi, par exemple : un œuf pour une taupe ; deux œufs pour une belette; trois œufs ou un boisseau de maïs pour un furet ; idem pour une chouette ; une douzaine d'œufs ou deux boisseaux de maïs, ou bien encore un seul boisseau de blé pour une fouine; une poule pondeuse ou un cinquième d'hectolitre de maïs, de seigle, d'avoine ou de vesces pour la loutre et l'épervier; enfin, soit une belle paire de coqs ou de chapons au choix, soit un demi-sac de haricots ou de millet pour la buse, le renard et l'autour. A ce métier, Inot vivait assez bien tout l'été. L'hiver venu, nouvelle industrie. Il gardait pour un chevrier des environs un troupeau de chèvres, et certes, à le voir agir au milieu d'elles, aux bouches des ravins et sur les flancs des collines, il eût été difficile de dire lequel des deux était le plus agile et le plus sauvage, de lui ou du bouc.

Quelque rude que fût sa vie, il se développa néanmoins, et si bien, qu'à peine âgé de huit ans, on lui en eût donné treize. « Inot pousse et se fait joli comme une fleur, » disaient les campagnards qui le voyaient passer avec ses grands yeux bruns effarés, agile comme un chevreuil et vêtu d'une peau de mouton dont une couturière compatissante lui avait fait une veste et des culottes. En cet équipage, il avait l'air d'un bélier à tête humaine et troublait beaucoup les dévotes du pays, qui l'appelaient « Ouaille du diable ! » et faisaient à son aspect le signe de la croix.

Effrayer les gens, lui !

Par un gros temps d'orage, un maçon de Martignolles l'aperçut pleurant et tremblant sous une meule de chaume.

— Hé ! le tout petit, qu'as-tu ? lui demanda-t-il avec bonté.

Guillaume étendit ses mains et montra le ciel. Il avait peur du tonnerre.

— Où donc travailles-tu maintenant, pécaïré, Inoutet ?

Inot haussa les épaules à droite, à gauche, en tous sens et fit enfin comprendre en s'agitant ainsi que, pour le moment, il n'avait pas de travail et souffrait la faim.

Le maçon ayant besoin d'un manœuvre l'emmena sur-le-champ, et le même jour il lui mit une truelle entre les mains.

Au bout d'un mois, Guillaume gâchait admirablement bien le mortier et promettait de devenir un maçon hors ligne. Il devait cependant en être autrement. Tout à coup sa vocation parla ; quelle parole ! Un certain soir qu'il broyait de la glaise à la lisière d'un bois, il aperçut deux scieurs de long, l'un dominant un tronc d'arbre posé sur une chèvre très-haute, l'autre en bas, sur le sol, et tous les deux tiraient et poussaient à qui mieux mieux une énorme scie luisant au soleil comme un miroir.

Ouvrant de grands yeux en présence de cette machine inconnue et si grande et si jolie, Inot eut son premier désir, — absolu, tyrannique, immodéré comme tous les désirs des enfants, — il eut envie de toucher à cette éblouissante lame qui tour à tour montait et descendait.

— Veux-tu apprendre l'état ? lui demandèrent en plaisantant les scieurs de long qui lisaient clairement dans ses prunelles.

— Oh! oui! répondit-il tout de suite en rougissant de plaisir.

Il avait les larmes aux yeux et, confus, tirait la langue.

Les ouvriers se mirent à rire, et le plus âgé des deux dit en lui prenant l'oreille :

— Nous verrons ça, si tu es sage.

La besogne faite, ils s'en allèrent, emportant leur bagage.

Inot suivit l'outil.

Le lendemain, il graissait la scie; six mois après, il en aiguisait les dents avec une lime; en moins d'un an, il commençait à la pousser. Tant que dura l'exploitation du parti de chênes qu'ils avaient entreprise, les patrons firent rendre en travail à leur apprenti la soupe et la science qu'ils lui donnaient ; aussi, quand ils quittèrent le pays pour aller opérer ailleurs, Inot n'avait plus rien à leur envier ; il maniait aussi bien qu'eux-mêmes les chevrons et les troncs d'arbres ; il connaissait à fond l'exercice du cric et de la hache ; il savait le métier. Extraordinairement robuste pour son âge, il suppléait, par son adresse, à la force qui lui manquait encore pour les gros œuvres. A peine chôma-t-il huit jours après le départ de ses maîtres, les scieurs de long. Il servit, après ce laps de temps, moyennant vingt sous par mois et la nourriture, un riverain du Lemboux qui faisait défricher une sapinière.

La première pièce de monnaie qu'il reçut en payement de son travail faillit le rendre fou de joie : il l'envoyait en l'air, la faisait rouler à terre, se précipitait sur elle comme un chat, la mettait dans sa bouche, la crachait et l'exposait au soleil; il en avait peur alors et s'empressait de l'enfouir : après quoi, furtif, il grimpait aux arbres avec l'agilité d'un écureuil et se perdait dans le feuillage de leurs ramures avec des cris de bonheur inouïs. A la vérité, s'il se comporta fort étrangement en cette occasion, il avait, d'ailleurs, en toute circonstance et quoi qu'il fît, des allures si singulières qu'elles frappaient d'étonnement et d'une certaine inquiétude tous ceux qui, par hasard, en étaient témoins et le faisaient fuir des gens même de sa profession. En forêt, toutefois, il frayait avec quelques bûcherons qui lui apprirent définitivement à parler, car il pratiquait encore le grognement beaucoup plus que la parole. Heureux d'apprendre, il questionnait avec avidité tout le monde sur tout, à propos de tout. Aussi, bientôt en sut-il assez pour désirer et se créer un gîte. Ingénieux comme un sauvage, il se construisit, avec un peu de glaise et des branchages, une hutte sur un massif communal qu'on appelait la Crête des Chênes; et c'est là qu'il se blottit dès que son temps de service fut expiré.

Quelques idées lui étaient venues, il commençait à penser un peu.

Vivre libre en travaillant ici, là, partout, au jour le jour, lui parut préférable à rester en condition. Il avait sa cognée, il pouvait en vivre, cela le rendait fier. Le pain qu'il avait mangé chez les autres lui avait été toujours amer et dur. Il trouva délicieux celui qu'il mangea dans sa cabane. Orphelin, il aimait instinctivement et de toutes ses forces l'indépendance, comme il eût aimé sa mère. L'espace était sa propriété, la ciel son toit, la forêt sa niche, les arbres étaient ses frères. Les arbres! il éprouvait on ne sait quelle compassion, on ne sait quelle terreur, quand ils tombaient sous sa hache. On l'avait, plus d'une fois, vu, saisi d'épouvante, abandonner sa besogne et s'enfuir, échevelé. Les arbres lui parlaient, disait-il, ils se plaignaient de ce qui leur faisait du mal; il les avait bien entendus crier, il les avait bien vus saigner sous le fer, les pauvres! On ne put jamais lui faire entendre raison à cet égard, il ne voulut plus travailler dans sa forêt, il allait ailleurs; les arbres des autres bois, il les frappait sans pitié ni crainte, ils n'étaient pas de sa famille. S'ils se lamentaient, ceux-là, il cognait plus fort, pour ne les entendre point.

Indomptable à la peine et toujours satisfait du salaire, il ne manquait jamais d'ouvrage. On savait et l'on répétait à la Française, comme à Lauzerte, qu'en trente coups de cognée il abattait un chêne centenaire ; aussi l'employait-on de préférence à tout autre et sa réputation lui valait-elle déjà l'inimitié des gens du métier, qui ne le désignaient entre eux que par ce mot de cruel mépris : « *Poupo-canios!* (tête les chiennes) » En plus d'une occasion, il avait déjà reçu cette injure à bout portant, mais soit qu'il ne l'eût pas comprise, soit qu'il eût dédaigné d'y répondre, il ne l'avait point relevée. Impunis, les bûcherons redoublèrent d'insolence. Une après-midi qu'abrité du soleil, il faisait sa méridienne, étendu sur l'herbe d'un tertre, à l'ombre d'un chêne, une bande de journaliers s'en vint à passer sous bois :

— Hé! tombé du ciel! Ohé! Huguenot issu de chienne huguenote. Hé! Né sous un chou! lui cria l'un d'eux ; ohé! nous savons que ta mère, la chienne, marche à quatre pattes, apprends-nous comment marche ton père et ce qu'il est.

A cette attaque Inot se leva très-tranquille et répondit sans la moindre colère à celui qui l'avait si grossièrement insulté :

— Bûcheron à qui je n'ai jamais rien fait, si tu veux t'amuser à mes dépens et me faire souffrir, je te ferai baiser ma mère à ton corps défendant et connaître aussi mon père, qui te fera baisser les yeux.

— Ton père ! tu veux dire, bâtard, tes pères qui courent à quatre pattes et la queue en trompette, à travers le pays.

Inot devint tout pâle et bondit d'un seul bond sur l'agresseur qui roula sous le choc ; ensuite saisissant celui qu'il venait de terrasser, il lui mit la face contre terre, et pesant sur lui de tout son poids, il lui criait : « Tiens ! baise et mords ma mère ! » Et quand le patient eut la bouche pleine de sable et de gazon, il le retourna sur le dos, et l'écrasant d'une main, lui dilatant de l'autre les paupières, et le tenant immobile et châtié sous les rayons du soleil, il lui disait en présence des autres bûcherons qui n'osèrent point intervenir : « Regarde mon père, à présent ! »

Cette leçon exemplaire, infligée à l'homme le plus venimeux et le plus solide de la forêt, arrêta les langues comme par enchantement; et désormais Guillaume, qui venait de finir ses dix-huit ans, vécut sans être ouvertement en butte aux injures des jaloux. Encore qu'il eût appris de la vie tout ce qu'en savaient ses semblables — les forestiers — à peu près tout ce qu'on en sait aux champs, il avait non-seulement conservé la sauvagerie de ses allures, mais ses goûts natifs s'étaient encore accrus. Aux hommes, il préférait toujours les choses et les bêtes qui ne lui avaient jamais été cruelles, et si, quand on lui parlait, il avait souvent l'air distrait, en revanche, il écoutait attentivement durant de longues heures les mugissements des bœufs, la voix de l'âne et celle du cheval, le clairon du coq et les abois du chien, le chant des oiseaux et la chanson des sources, les murmures des arbres et des blés, le souffle du vent et tous les bruits et toutes les rumeurs de la campagne.

Initié, dès son plus bas âge, à leur commerce et partant à leur langage, il comprenait sans doute à merveille ce que disaient les animaux, car, en les entendant, il se mettait parfois à rire aux larmes et parfois à pleurer tout de bon, aussi.

« Sourds que vous êtes, dit-il un jour à des terrassiers qui lui demandaient pourquoi il était chagrin et gémissait, n'entendez-vous pas là-bas, au fond du val, cette brebis qui bêle et réclame son agneau qu'on lui a pris ou tué ? »

Les journaliers échangèrent un coup d'œil et se mirent à rire tous ensemble.

Il parut ne pas les avoir ouïs et ne reprit sa besogne interrompue que lorsqu'il n'entendit plus l'ouaille bêler et gémir au fond de la vallée.

Oui, certes, il aimait les bêtes.

A quelques jours de là, se trouvant en basse plaine moissagaise, dans une famille de métayers qui l'avaient loué pour qu'il défonçât un terrain où rampaient une épaisse vigne-vierge et d'autres végétations sarmenteuses, il éprouva chez eux la première grande émotion qu'il ait eue de sa vie en voyant mourir un vieil âne gris, qui, d'après beaucoup de gens de la contrée, avait toujours bien rempli son devoir et n'avait jamais, hélas! mangé tout son soûl.

Le pauvre ase!...

Étendu de tout son long sur sa litière infecte et les quatre fers en l'air, il regardait tristement les traverses du râtelier où pendaient quelques chardons et des brindilles de foin. Ses yeux pleins de larmes disaient qu'il souffrait beaucoup et quelque chose de plus encore ; ils criaient... ils disaient qu'il ne voulait pas mourir. Aussi rigide qu'un pan de pierre et tout plaintif il respirait bruyamment; à de longs intervalles ses flancs jouaient comme un soufflet de forge; humides, ses naseaux se dilataient et se resserraient alternativement et douloureusement. Toute la famille l'entourait : l'aïeul, ne le perdant pas de vue, appuyé sur un bâton de houx, taciturne ; le fils de la maison lui préparant dans une auge un breuvage de vinaigre et de son; la bru, lui bouchonnant avec de la paille le dessous du ventre où, les poils, un peu moins rares et plus argentés là que sur le dos dont le cuir était usé jusqu'à la chair et jusqu'à l'âme par le bât et le bâton, suintaient tout grumelés, hérissés et froids; les enfants, un garçon de neuf à dix ans, s'amusant à lui mordiller méchamment les oreilles; une petite fille, lui tenant la queue haut levée et, souriante, examinant comment était fait l'*âne*.

Inot, debout, accoudé sur sa cognée, écoutait et regardait.

Accroupi sur le seuil de l'étable, le museau au ras du sol, un grand chien velu des Pyrénées semblait comprendre ce qui se passait autour de lui; parfois il levait sa tête inquiète, et plaintivement il grommelait. L'âne toussa, renifla, péta. Puis, ayant poussé un profond soupir, il battit des jambes et son œil s'agrandit. Dans ses prunelles lumineuses vinrent se réfléchir les arbres qui bordaient la mare, en face de l'étable, et les feux de l'horizon lointain. Il expirait... En ce moment même, on entendit au dehors un cheval qui allait l'amble et bientôt après le curé de Saint-Paul d'Espis apparut au milieu de la route, monté sur son double bidet de Gascogne. Ayant mis pied à terre et donné un coup de pied au chien qui barrait le passage, il entra dans l'écurie. Agreste, trapu, raboteux et brutal, le curé ! Dédaigneux du chapeau romain, il portait l'antique tricorne et, à la place des bas noirs allant rejoindre la culotte de basin au-dessus des genoux et des doux souliers de castor à boucle de métal, en usage encore, il avait lui, de lourds brodequins de vache archi-ferrés, une paire de bas bleus de laine au-dessous de guêtres de camelot, et brochant sur le tout, l'ignoble pantalon laïque. Sous sa soutane, ouverte de haut en bas, on voyait un gilet à boutons de corne, et dans le gousset de son pantalon de cuir-laine, une grosse montre d'argent avec une courte pipe, en terre, culottée. Ayant relevé jusqu'au coude les manches de son habit, il s'agenouilla sur la litière, ensuite, prenant entre ses mains la tête de l'âne, à demi mort, il dit, sérieux :

— Écoutez, si Celui d'en haut le veut, la bête guérira, mais, sans coïonner, je crois bien qu'elle a trop pâti...

La famille entière éleva les bras au ciel et le vieux murmura :

— Notre pauvre, pauvre bourriquet !...

On entendit un sanglot. Tout le monde détourna la tête et l'on vit alors Inot affligé qui pleurait à genoux et répétait à chaque instant :

— Aïe !... Aïe !

Il faisait un soir superbe. Au moment de s'éteindre, le soleil resplendit souvent avec plus d'éclat que jamais; il en était ainsi ce jour-là : les cépées, les prairies, les vallons, les coteaux aux grands arbres encore chevelus et teints de rouille par l'automne, s'enlevaient tout en noir dans les flammes du couchant. Au pied d'un mamelon de marne aux couches imbriquées une petite rivière dont les berges s'allongeaient pareilles à des talus d'or et de cristal réverbérait les cieux embrasés, les cieux immenses. Se précipitant au versant de la colline, inégal et tortueux, un bois de châtaigniers, au milieu des gloires solaires, s'amalgamait si bien avec le firmament qu'il semblait en faire partie. A l'opposite, vers l'Orient, les ombres encore timides descendaient lentement sur la terre lui faisant une sorte de manteau de gaze, et l'on apercevait quelquefois derrière la vapeur, entre deux nuages, furtives et blanches, les cornes recourbées de la lune. En bas, au loin, dans la campagne, bourdonnaient sans cesse des rumeurs vagues, et parmi ces rumeurs on distinguait tout à coup des piétinements à travers les halliers, des hennissements de chevaux, des bruits de grelots, le chant des coqs, les roulades du rossignol, les cloches des paroisses circonvoisines sonnant l'*Angelus,* des mélopées traînantes chantées par les bouviers qui regagnaient chacun leur gîte, des coups de fouet, des jurons, le grincement de mille roues sur le gravier des routes, et par-dessus tout cela, l'on ne peut dire quel bruissement infini venu des airs, des gorges, des monts, des forêts, du ciel, de la terre et des eaux, on ne sait d'où, — le verbe de la grande nature peut-être?

Celui qui allait finir, l'âne, tremblait de tous ses

membres ; ses veines et ses artères allant en réseau saillaient engorgées et dures au long de tout son corps; ses sabots emplis de fumier et de boue retombaient sur ses boulets inertes; sa langue déjetée passait entre ses dents jaunes et usées; ses gencives étaient blanches, ses naseaux morveux, son oreille énervée, son œil éteint : tout en lui se mourait. Sous sa peau tendue à se rompre, on lisait les muscles, les os, les nerfs, les vertèbres; on suivait des yeux tout le squelette. Il râlait. Deux fois encore il regarda la crèche, deux fois il eut l'air de sourire, et son sourire disait : Merci ! Il allait mourir...

Soudainement, dans le pré, de l'autre côté de la route, en face de l'étable, éclatèrent des cris de bestiaux qu'on menait boire : les bœufs, les taureaux, les moutons, les chèvres, les chevaux, les mules, les vaches, les génisses, les porcs, se répondaient joyeux en se vautrant sur l'herbe, et les canards et les oies épeurés allaient en troupes, cancanant et trompetant, et des chiens pasteurs aboyaient.

Un hennissement subit et prolongé déchira les airs et domina pendant un instant les clameurs diverses. Les oreilles de l'âne agonisant et déjà roidi frissonnèrent et se dressèrent toutes droites. Il avait reconnu la voix d'une vieille jument poulinière arrivée en même temps que lui à la ferme, il y avait de cela plus de vingt ans. Elle hennit de nouveau. L'âne, alors, se soulevant à demi sur ses genoux, regarda d'un œil vitreux, comme s'il pouvait le voir encore, le pré plein de soleil où quelquefois, trop rarement, on lui avait permis de paître, et, comme s'il eût entendu les hennissements réitérés de la jument, sa compagne, et qu'il eût voulu lui répondre, il essaya de braire...

— Il était ferré de neuf, dit l'aïeul jusque-là silencieux. Fils, il te faudra lui tirer ses fers et puis tu le pèleras ; sa peau vaut au moins trois écus de six livres.

A ces paroles, Inot, qui n'avait pas encore branlé ni soufflé mot, alla se placer à la tête de l'âne expiré et dit résolûment :

— Halte-là, gens ! Personne d'ici ou d'ailleurs ne touchera, je vous le dis, pour lui faire encore du mal, à cette bête morte.

On n'osa rien répondre au bouscassié.

Deux heures plus tard un grand trou bâillait sous la crèche de l'étable; Inot y roula doucement le mort et l'y ensevelit.

Après quoi il revint triste et grave en forêt. Et, loin de sourire aux clartés de la nuit, ainsi qu'il faisait au soleil en se rendant dès l'aube du jour à la tâche, il frissonnait ce soir-là, comme la feuille des arbres en retournant au logis et murmurait on ne sait quels mots en regardant les étoiles. On eût dit qu'il psalmodiait une prière.

— Il est un peu fou, disait-on aux hameaux et dans les campagnes, où ses faits et gestes étaient tôt connus de tout le monde, il est un peu fou, mais il ne ferait pas de mal à une fourmi ! c'est un brave, très-brave garçon, Inot.

En somme, on s'était fait à lui : s'il était craint

parce qu'il avait prouvé qu'il était fort, on l'aimait aussi parce qu'on s'était aperçu qu'il était bon. Avait-on embourbé, crac, il arrivait. Était-on gêné de sa présence, une, deux, il trottait déjà loin. Homme, enfant, femme ou vieillard, chien ou chat, il suffisait de lever la patte et de réclamer ainsi ou tout autrement son assistance, il était toujours et partout prêt à donner un coup de main à quiconque en avait besoin, il appartenait tout à tous. « Holà ! Inot ? » « Me voici. » « Inot, ohé ! » « Me voilà ! » Quel homme aimable et sans pareil ! Et puis il vous obligeait *gratis* : on ne pouvait pas être meilleur ; on n'avait jamais vu sous le soleil un chrétien catholique apostolique et romain tel que lui ! Chose étrange ! au grand étonnement de tous, il devint tout à coup inabordable. On le vit refusant toute sorte de travail, s'enfoncer sous bois, s'agenouiller devant les plantes et les fleurs, leur parler, les caresser et s'étendre sur elles avec des soupirs et des plaintes. Ce manége qu'on ne savait trop à quoi attribuer avait pourtant une cause, et la voici :

Quelque temps avant que ce changement d'humeur s'opérât en lui, Guillaume, qui travaillait sur la rive languedocienne du Tarn, en face de Sainte-Livrade, entendit subitement des clameurs d'angoisse; du haut de l'arbre qu'il émondait, il aperçut sur la berge une jeune fille poursuivie par un grand chien de montagne, qui pantelait et marchait, la queue basse. Rouma, le passeur, debout dans sa barque, au milieu de la rivière, avait laissé tomber ses avirons, et criait, appelant au secours d'une voix désespérée.

Le chien allait atteindre la jeune fille, embarrassée dans les osiers de la rive. Inot déboucha brusquement du bois de Pignerox. La cognée haute, il courut droit à l'animal, qui se dressa sur son train de derrière, ouvrant une gueule emplie de bave. Inot y précipita le tranchant de sa hache. Le chien s'abattit tout d'une pièce, et Guillaume, lui mettant alors le pied sur le ventre, l'acheva d'un seul coup de revers.

A ce moment, le passeur abordait à la rive. Aussi blanc que sa chemise, il alla vers Guillaume, lui serra les mains sans pouvoir rien dire et le conduisit auprès de la jeune fille, à demi morte de frayeur.

— Embrasse-le, Janille, balbutia-t-il enfin, il t'a sauvée.

Aussitôt, elle embrassa Guillaume et dit, encore toute tremblante :

— Brave Bouscassié, je te le dis devant mon père, que je vive cent ans et même plus, je n'oublierai jamais le chien enragé, qui, sans toi, m'aurait mordue.

Ce baiser, ce bon baiser, c'était la première caresse humaine qu'Inot eût jamais reçue. Il en était joyeux à mourir de joie et consterné comme d'un viol accompli sur sa personne. Anxieux, il frissonnait de tous ses membres sous les yeux de Janille qui, le regardant avec douceur et surprise, semblait le trouver charmant. En effet, il pouvait paraître tel à la fille du passeur.

Plutôt petit que grand, bien fait, autant de force

que de souplesse, un peu rugueux, hâlé tel que ceux qui vivent au grand air sur les monts, pâle de cette pâleur chaude et bise qu'ont les feuilles du hêtre aux approches de l'automne, chevelu, des traits rudes et mâles avec des mollesses enfantines, imberbe encore et l'air aussi farouche que hardi, c'était un beau gars que Guillaume Inot de la Crête-des-Chênes. Au bois comme au bourg, il allait le plus souvent tête nue et son aimable et longue figure sauvage, sentant la faîne et le gui, apparaissait ainsi tout entière au jour avec ses narines inquiètes, interrogeant sans cesse le vent, et ses lèvres haut retroussées aux coins de sa fraîche bouche entr'ouverte, et ses dents aussi blanches que le lait en leurs gencives si rouges qu'elles semblaient sanglantes, et ses étroites oreilles un peu pointues au sommet et lui donnant on ne sait quelle apparence indécise de faune ou de jeune loup, desquels il avait d'ailleurs, la couleur de poil et le poil en broussailles. Enchevêtrés, en effet, comme des ronces, ses cheveux bruns fauves, où, parmi des brins de mousse et d'écorce de chêne allaient en tous sens des fourmis forestières et des bêtes à bon Dieu, lui ceignaient les tempes, et formaient au-dessus de son front à pic une sorte de visière naturelle on ne peut plus touffue et sous laquelle les claires prunelles jumelles de ses grands bons yeux châtains, innocents et fiers, étincelaient et flambaient, au milieu d'une forêt de cils, ainsi que deux lumignons.

Attirée à lui, Janille le regardait avec un trouble sans cesse grandissant.

Une espèce de veste grise, serrée aux flancs par un ceinturon en peau de bique, où s'assujettissaient des annelets de crin et de chanvre; des chausses larges et flottantes prises aux genoux par des jambards de coutil; des sandales de toile à semelle de corde et rubans rouges de laine, en tous points pareilles à celles des chasseurs basques; une gourde en bandoulière; un collier de glands encore verts et de marrons sauvages en leur enveloppe épineuse autour du cou; les innombrables et microscopiques boutons dont était semé son gilet de bure à revers amarantes ; un baudrier de joncs auquel, après la besogne et pendant la marche, il accrochait une foule d'outils et sa grande hache célèbre en Bas-Quercy : cet accoutrement assez barbare et fort insolite aux champs aussi bien qu'en forêt, imprimait on ne sait quoi d'irrégulier à sa physionomie et contribuait à laisser croire aux gens du pays qu'il en avait vraiment un petit grain au cerveau.

— Bouscassié, dit Rouma en lui montrant dans la verdure une cabane assise au bord de l'eau, de l'autre côté du Tarn, ma maison est la tienne, il faut que tu me promettes aujourd'hui d'y venir, et souvent.

Inot n'aurait pas promis de venir au bac de Sainte-Livrade qu'il y serait tout de même venu. Quelque chose de nouveau, bien nouveau — il ne s'expliquait pas quoi, de fort et de doux, remuait tout au fond de son cœur. Ayant toujours sur la joue le baiser de Janille, il sentait couler en ses veines comme une liqueur abondante et vive, et de ses entrailles montait à sa tête une espèce de bourdonnement qu'il n'avait jamais, jamais entendu.

L'âme ravie, à son retour en forêt, il examinait les arbres, ses vieux amis, qui lui paraissaient cent fois plus grands, cent fois plus beaux. Émerveillé de tout ce qui se présentait à ses yeux, il s'assit, le trouvant riant et superbe, sous un châtaignier ravagé par la foudre et dont les bras noirs et difformes, et les racines à nu lui avaient jusque-là toujours donné d'insurmontables inquiétudes. L'air lui semblait meilleur, la terre plus aimable, le ciel plus doux et plus proche de lui; la nature entière le remplissait de joie : heureux, il riait, il pleurait, et ses larmes augmentaient son ivresse. Au fond d'une gorge, il eut envie de chanter et chanta.

Plus loin, un peu plus loin sur le haut d'une colline, il se mit à genoux et joignit ses mains, extasié. Dans son extase délicieuse, il lui semblait qu'une grosse boule nageait en sa poitrine et lui faisait plaisir en nageant. Il était heureux, bien heureux, sans pouvoir démêler au juste pourquoi.

Tout à coup, à la vue de sa cabane, il resta les bras ballants, désorienté. Qu'elle était triste et muette et sombre! Il y entra sans empressement et même avec regret. Presque aussitôt il en ressortit, étonné de n'y plus trouver ce charme qu'hier encore il y trouvait et préférait à tout. Que se passait-il donc en lui? Pourquoi ses mains, en s'appuyant l'une contre l'autre, lui causaient-elles une sensation si pénible et si cruelle? Il avait froid, il avait chaud, et dans la même seconde. Pourquoi ne pouvait-il tenir en place et pourquoi tremblait-il? Qu'avait-il enfin? Inhabile à concevoir sa peine, il s'étendit sur son lit de feuilles sèches, y cherchant en vain le repos.

Au milieu de la nuit, il se leva, le souffle lui manquait; il était en nage, il crut qu'il allait mourir et, palpitant, eut peur de la mort à laquelle il n'avait jamais songé. Les ténèbres lui pesaient, il ouvrit la porte de sa hutte et s'assit sur le seuil. Point de lune. Pas une étoile. Agglomérés dans l'ombre noire, les arbres étaient invisibles. On ne distinguait ni massifs ni clairières. Il frissonnait de terreur en regardant la terre obscure et le ciel obscur comme elle. Brisé de fatigue, il s'assoupit enfin. Quand il s'éveilla, le soleil apparaissait joyeux derrière les grands chênes. Il se mit debout. La fièvre le travaillant encore, il descendit vers l'étang voisin et s'y baigna le front. A l'aspect de son image réfléchie par les eaux, il sourit; il se trouvait plus aimable et bien *plus joli* que les autres bûcherons.

Cette découverte le rendit tout aise; il marcha plus léger dans le bois : il recommençait à tout voir en beau. Mais une femme qu'il aperçut de loin, entre les branches, lui causa de tels saisissements que, pour ne pas tomber, il dut s'appuyer contre un arbre. Instantanément il porta la main à sa joue. Sous ses doigts, il sentit le baiser, le baiser ineffaçable de Janille. Il comprit alors. Ému plus que jamais, il comprit qu'il aimait Janille et que seule, elle était la cause de cette émotion opiniâtre et diverse à laquelle il obéissait.

— Janille, se dit-il, La Janille! il faut que je la voie!

Aussitôt il s'achemina vers Sainte-Livrade. Une heure après, il s'arrêtait sur un coteau, considérant, tout troublé, de petites langues de fumée qui serpentaient au loin, au-dessus de la chaumière du passeur. Les jambes lui manquèrent au même instant : il ne put avancer ni rétrograder et jusqu'au crépuscule, il se tint à la même place. A la tombée de la nuit, il se retira, convaincu qu'il n'oserait jamais aller chez Rouma. Le lendemain, à la pointe de l'aube, il était à son poste sur l'éminence; il y passa de nouveau toute la journée et puis il en redescendit aussi timide qu'il l'avait été la veille et bien plus malheureux.

Une quinzaine durant, il hésita sans cesse à dépasser son observatoire, et le seizième jour, il se décida spontanément à s'avancer de trois cents mètres. Autant de distance à franchir encore. Ne sachant s'y résoudre, il imagina d'aller à trois lieues en arrière passer la rivière au pont en fil de fer du Saula, puis de longer le côté gauche du Tarn jusqu'à Pignerox, et là, de se cacher dans le bois sis en face de la maisonnette du passeur, laquelle on distinguait très-bien sur l'autre bord. Il fit cela tous les jours pendant un mois, sans se lasser. Un soir qu'à son ordinaire il guettait au plus épais d'un fourré, se faisant tout petit caché sous les ramures de la rive gauche, il vit ou crut voir enfin Janille assise vis-à-vis sur la berge opposée.

Ivre de crainte et de plaisir, il tressaillit dans le feuillage et rampa vers une touffe de viornes entrelacés au-dessus de l'eau. C'était bien Janille, c'était bien elle. Avec ses yeux d'amoureux, il la reconnaissait à merveille. Elle raccommodait des filets et tournait souvent la tête du côté du Quercy. Ses pendeloques d'or ardaient au soleil; elle avait les pieds nus, et ses cheveux fins et roux comme le poil des bœufs arrosaient sa camisole ample de cotonnade.

— Oh! dit-il ébloui, qu'elle est luisante!

Et la buvant des yeux et n'ayant pas la hardiesse de se montrer à découvert, il était travaillé d'une foule d'idées aussi folles les unes que les autres : ainsi, tantôt, pour attirer l'attention de Janille et lui faire savoir qu'il était là, près d'elle, il songeait à se jeter à la nage, au milieu du Tarn; tantôt il voulait pousser un grand cri, puis coup sur coup essayer de passer la rivière à gué; tantôt, enfin, grimper à la cime d'un peuplier émondé fraîchement et se laisser couler de haut en bas au tronc de l'arbre en faisant le plus de bruit possible.

Assurément, il ne fit rien de toutes ces choses-là mais reprit, aussitôt que le soleil fut couché, le chemin de la Crête des Chênes, furieux contre lui-même et souffrant de son peu de courage. Il était désolé. Depuis un grand mois qu'il se comportait de la sorte, ne mangeant pas, ne dormant pas et faisant au moins une vingtaine de lieues par jour, il dépérissait à vue d'œil. A la longue, un tel régime eût fini par l'abattre. On lui porta secours, heureusement.

Un matin, quelqu'un s'en vint heurter à la porte de sa cabane.

« Si c'était Janille! »

Ce n'était point la fille du passeur, c'était le passeur lui-même, en personne, qui se montra tout rayonnant et de neuf habillé.

Le soir même, afin d'honorer Sainte-Livrade, dont c'était la fête, Rouma donnait à souper sur l'eau, dans sa gabarre; il avait voulu que celui qui avait sauvé la vie à sa fille fût du festin. Ni si, ni mais, il fallait que le bouscassié le suivît, et sur l'heure. A ces mots inattendus Inot faillit devenir fou de surprise et de joie: il ôta d'un bahut une veste de bouracan neuve qu'il n'avait pas encore mise et se mit à l'épousseter; ensuite, il bouleversa de fond en comble son intérieur pour y chercher une cravate écarlate qu'il tenait à la main. Au moment de partir, il se plaignit d'un grand mal à la tête et voulut rester en forêt. Il ne savait ni ce qu'il disait ni ce qu'il faisait. En route, il commit des gestes baroques, souriant et gémissant en même temps, devenant blême et cramoisi tour à tour. A deux portées de fusil du Tarn, il prit le passeur par le bras, ouvrit la bouche toute grande et ne sut que dire. Rouma, qui ne semblait pas trop surpris de cette agitation extraordinaire, lui dit très-doucement :

— Allons, voyons, conte-moi ta peine.

Inot montra sa joue.

Le passeur, ému, s'essuya les yeux et lui serra rudement les mains.

— Saint-Dieu vivant! n'aie pas peur, garçon, dit-il, viens avec moi sans craindre et sans trembler! Arrive, arrive. Elle ne te mangera pas, je t'en réponds, la doucette.

Quoiqu'il n'eût compris qu'à demi ces paroles, Inot les sentit bonnes et marcha plus bravement devant soi. La rumeur des eaux franchissant le barrage du Tarn, augmentait à chacun de ses pas et bientôt il entendit le tic tac du moulin de Sainte-Livrade : son cœur battit à l'unisson.

— Tè! Bouscassièrot, voici la petite, fit tout d'un coup Rouma.

Guillaume leva ses yeux qu'il tenait baissés et vit devant lui Janille qui pâlissait et laquelle le vit pâlir aussi.

— Ding-dong! embrassez-vous, les petits, dit le passeur; et que ça sonne!

Embarrassés autant l'un que l'autre et rouges comme des guignes, ils s'embrassèrent si gauchement que Rouma leur dit de recommencer.

Ils ne purent, les nigauds.

— Ah! malaisés que vous êtes, on va se *truffer* de vous, enfants, au festival.

Les fêtes patronales que l'on chôme en Quercy religieusement offrent dans tous les villages à peu près les mêmes pratiques. On y chante messe, vêpres et complies, la gaudriole et le sentiment ; on y mange force victuailles et l'on y boit, non pas de la piquette, mais du bon vin de futaille tenu en réserve pour l'occasion; on y danse au son du chalumeau, du tambour, et quelquefois du serpent, du fifre et des cymbales; on s'y cogne, on s'y grise, on s'y cajole, on y raille, on y braille, on y prend du plaisir et de la joie le plus possible, car chacun sait que, le lendemain, il faudra se remettre à la pioche, à la rame, à la cognée, à la faux, à la charrue, à l'outil nourricier, quel qu'il soit.

Quoique pauvre, Rouma faisait très-bien les choses, et ses amis, qui ne l'ignoraient pas, étaient au grand complet. On soupa, comme de coutume, en bateau, sur le Tarn. Si la bienheureuse Livrade n'entendit pas les nombreux toasts qui lui furent portés, elle y mit de la mauvaise volonté, ou bien elle était dure d'oreille, en vérité, la bonne sainte. On en dit de rouges, on en dit de bleues, on en chanta de grises et de toutes les couleurs. Enfin, on s'en donna tant qu'on put s'en donner à la clarté du soleil; et puis ensuite on alluma les flambeaux de résine et la ripaille alla de plus belle, y compris verbes et chansons.

Assis l'un à gauche, l'autre à droite du passeur, Inot et Janille étaient en paradis, et Dieu sait tout ce qu'ils se dirent des yeux, n'osant pas encore se parler autrement. Il fallait les voir travailler de la prunelle et soupirer, réciproquement enivrés de leurs regards. Sans doute, ils se comprirent à merveille, car au moment de se séparer, ils paraissaient tous les deux on ne peut plus contents l'un de l'autre; et tandis qu'Inot revenait en forêt, en chantant à tue-tête une jolie chanson que Janille avait soupirée, après le repas; elle, Janille se couchait bien heureuse et l'âme pleine du plus joli des Bouscassiés. Ils dormirent très-bien chacun de son côté, cette nuit-là et les suivantes. Le dimanche d'après, Inot retourna sans hésiter à Sainte-Livrade, comme il avait promis. En approchant du bac, le cœur lui battait bien encore un peu vite, un peu fort, mais il ne songeait pas du tout à rebrousser chemin.

Quelle joie! Il avait donc une famille; on le choyait, on le chérissait : Rouma se fût mis en quatre pour lui plaire, et Janille lui faisait des mines tout plein aimables. Oh! quel bonheur! Il est vrai que la femme de Rouma, voyant de quoi il s'agissait, fronçait quelquefois le sourcil : elle avait rêvé d'après les suggestions de son frère Fonsagrives, le plus riche *langoyeur* de porcs des environs, elle avait rêvé pour sa fille un avenir bien autre que celui qui se présentait; mais le passeur ayant déclaré qu'il ne voulait en rien contrarier le choix de Janille, la Roumanenque, acariâtre et passionnée, aimant son mari autant qu'elle le craignait, se garda de trop faire la grimace et tint la bouche close. Lui-même, Fonsagrives, homme retors s'il en fût, et cependant facile à subir, ainsi que ses pareils, le virtuel ascendant d'une nature honnête et forte, ne tarda pas à céder sans y prendre garde, à l'influence de son beau-frère et parvint à s'accoutumer encore assez vite à l'idée d'un mariage possible entre sa nièce et le bouscassié.

Bref, les choses, en somme, allaient assez bien, et, pendant qu'elles allaient ainsi, Guillaume et Janille s'aimaient chaque jour davantage et mieux. Aux champs comme à la ville, pas de meilleur instituteur que l'amour. Inot, hier encore presque sauvage, s'ouvrait déjà tout entier aux choses douces de la vie. Une certaine mollesse de mouvement atténuait ce que son œil avait gardé de farouche. On ne le voyait pas, ainsi que jadis, escalader les collines et courir désordonné sous bois, exhalant on ne sait quoi d'agressif et de brutal jusque dans ses attendrissements. A présent paisible et l'air débonnaire, il semblait, il était heureux de vivre. En lui, il y avait, à cette heure, de l'homme et de l'enfant. Ainsi, par exemple, si Rouma lui parlait avec la tendresse grave d'un père, il éprouvait alors des joies espiègles, absolument enfantines et comme des envies de révolte et de jeu ; mais, au contraire, assis seul aux côtés de Janille, il contemplait, sérieux, le soleil et les campagnes, et prenait, à son insu, des poses aimantes et sévères, comme en prend machinalement le mari protecteur, tranquille auprès de sa femme.

Ingénus, ayant tous deux l'âme blanche, ils ignoraient tout et ne savaient que s'embrasser, elle et lui, sans y mettre la moindre malice, et ce fut Janille qui, la première, eut le pressentiment de l'amour et devina la pudeur. Une fois qu'ils regardaient ensemble des ramiers roucoulant à travers les branches, Inot la vit devenir toute rouge, et cela le troubla beaucoup. Il y pensa toute la nuit ; il eut beau vouloir songer à toute autre chose, il n'entrevit que palombes se becquetant. Tout à coup, il se souvint d'un jars avec lequel il jouait dans son enfance, chez le tailleur de pierres, et le jars blanc comme neige, lui apparut comme jadis se rengorgeant et trompetant et se mourant, ailes éployées, au milieu du vivier, parmi les oies.

Bientôt des images de même nature, et plus précises, se représentèrent à foison et très-obstinément devant lui : tantôt il se rappelait un joli coq roux empanaché qui, ses plumes d'argent et d'or au vent et la crête en feu, chantait de joie après avoir couvert ses poules, et tantôt il se représentait un grand taureau noir qui, l'œil plein de flammes et le mufle arrosé d'écume, enfonçait ses pieds fourchus dans le sol gras d'un pâturage en faisant onduler sa queue au-dessus de sa puissante échine et beuglait d'amour en léchant ses vaches éparses dans la prairie : à ces souvenirs enivrants et dont, à cette heure, il s'expliquait peut-être un peu la tyrannie, une foule d'idées naquirent et se mirent ensuite à fermenter dans la tête de Guillaume, et le lendemain, quand il reparut en présence de Janille, il fut embarrassé comme elle-même l'avait été la veille.

Aussi bien l'un que l'autre, ils éprouvèrent, à dater de ce moment, un mélange d'angoisse et de honte, lorsqu'ils se trouvèrent ensemble et seuls. On eût ri vraiment de les voir faire. A peine osaient-ils se donner encore et de temps en temps une de ces caresses amoureuses et fraternelles qu'ils se prodiguaient naguère; effrayés d'eux-mêmes, ils balbutiaient avec confusion si leurs yeux, qui se fuyaient et se cherchaient sans cesse, arrivaient à se rencontrer enfin. Cet embarras réciproque disparut tôt, il est vrai, mais leur commerce avait déjà pris un autre tour. Adieu les bonnes embrassades! Ils ne savaient plus jouer ensemble ni se prendre avec tendresse quand ils en avaient envie; ils sentaient tous les deux également bien que ce n'était plus *la même chose.*

Inquiets, loin d'être toujours d'accord et de respirer côte à côte en silence et les mains jointes, comme autrefois, ils se mutinaient maintenant, se boudaient, se faisaient des niches; les querelles venaient à propos de rien et partaient de même; les brouilles suivaient les reproches, qui préparaient les raccommodements, et les raccommodements étaient si doux, ô mon Dieu! « Pourquoi ceci? Pourquoi cela? disaient-ils à l'unisson ou tour à tour. Regarde-moi. Tes yeux sont méchants. Ils sont beaux. Ils sont affreux. Arrive ici. Va-t'en là. Reviens. Je veux que tu te taises. Que tu parles. Que tu ries. Laid! Laide! Le joli! La jolie! Petit Guillen! Petite Janille! Amie! Ami! *Menut, Menudeto!* Le fou! La folle! » Et tous les mots éternels et sublimes de la comédie adorable des blanches innocences virginales prêtes à se déflorer.

O printemps de la vie!...

Au milieu d'un champ de luzerne, un soir que, par aventure, ils avaient bien fait les gentils, les câlins, Inot saisit si brusquement entre ses bras Janille et la couvrit de si fougueuses caresses, que, toute confuse, elle se cacha la figure entre les mains et murmura : « Que tu m'as fait du mal, méchant! » Mais cela fut dit avec langueur, avec cent fois plus d'amour que de colère, et Janille, éperdue, appelait, au lieu de la repousser, la caresse ardente et virile de Guillaume.

Rouma, le bon Rouma, laissait dire et faire, lui ; si sa femme grommelait, il se contentait de répondre en plaisantant : « Ah! les petits perdent patience! il n'y a pas de mal à ça! Pardi, certes! Il faut bien qu'ils s'aiment pour se marier, et les noces sont proches, Guillen va bientôt tirer au sort! Après ça, femme, on dansera, je te le dis. » En effet, le jour du tirage au sort approchait, et le passeur, ayant parfaitement prévu la conjoncture, comptait sur la sacoche de son beau-frère : Inot pouvait porter un mauvais numéro, Fonsagrives avait promis, en ce cas, *d'acheter un homme.*

Il n'était donc pas besoin de se tourmenter; aussi, Rouma, sans se préoccuper autrement de l'avenir, se laissait-il aller à des songes couleur de soleil et d'eau. Déjà *le fils* le suppléait au bac. Ensemble, dès l'aube, ils posaient sur la rive, entre les herbes aquatiques, des nasses qu'ils retiraient, le soir, au crépuscule pleines de carpes et d'anguilles. Au retour de la pêche, ils apercevaient Janille qui les attendait impatiente et gracieuse sur la berge; et, tous les trois, avant que de rentrer à la cabane, causaient assis parmi la verdure ou rêvaient doucement sous les yeux aimables des étoiles.

Et si le temps, au lieu d'être au beau, menaçait, on allait causer une heure ou deux à mi-portée de fusil du Tarn avec le vieil Andoche Kardaillac, qui jadis avait servi sous la première et grande République.

Un homme curieux entre tous les hommes du Quercy, ce vétéran.

On le nommait l'*Ancien!* Il avait vu Jemmapes et Fleurus. Il avait été blessé presque mortellement à Waterloo. Il était avec ceux qu'on appela les brigands de la Loire. Les jeunes du village venaient le faire *babiller* le soir à la veillée. Il leur racontait tout ce qu'il savait, et, certes, il savait beaucoup. Il leur disait la mort du *Roi*. Il leur disait les guerres, les grandes guerres de 93 et cela, dans l'idiome du pays. Les paysans prétendaient qu'on lui avait bien coupé le fil de la langue, et que c'était un savant, un brave homme et un *batailleur*.

Ingambe et très-vert, malgré son grand âge, il travaillait aux champs été comme hiver en plaine ou sur les monts, et, n'eussent été ses yeux qui commençaient à faiblir, il eût fait encore autant de besogne qu'un homme de cinquante ans.

A la saison des neiges et du gel, il venait à son tour passer quelquefois la soirée chez le passeur. Rouma l'accueillait en jetant dans l'âtre une brassée de copeaux de bois sec et de javelles, et les petits approchaient de la cheminée un vieux et grand fauteuil de chêne noir où l'on entendait travailler le ver. L'Ancien y prenait place et posait ses pieds sur les landiers de fer qui s'avançaient hors de l'âtre. On était tout yeux et tout oreilles, et bientôt on entendait des histoires de guerre extraordinaires, et si terribles que chacun en les écoutant avait mal au ventre et froid dans les reins. A la vérité, il était sans pareil, le vieux guerrier ! Il avait vu tant de choses si grandes et si belles qu'il méritait bien à coup sûr le respect et l'admiration que tout le monde avait pour lui dans la contrée.

Inot et Janille qu'il aimait avec passion et qui, de leur côté, l'aimaient aussi beaucoup, organisèrent immédiatement après la Noël une petite fête en son honneur.

Aidés de deux bouviers du pays, anciens soldats, Jean Lestouq qui s'était battu en Crimée et dans la Baltique, et Pierre Quogoreux médaillé d'Italie, ils firent appel à toute la jeunesse des environs, et la veille du premier de l'an, s'étant mis à la tête des gens de Sainte-Livrade et de ceux venus des villages voisins, ils arrivèrent entre quatre et cinq heures de relevée chez l'Ancien, qui se trouvait absent à ce moment-là. Son petit-fils Éloi Kardaillac qui causait avec Rouma leur dit que le *Pepe* (aïeul) était au labour, mais qu'il ne pouvait tarder à rentrer au logis, vu que la nuit tombait et que les bœufs n'avaient rien mangé depuis onze heures de l'avant midi.

L'on attendit.

Au bout d'une demi-heure, on vit, en effet, venir l'Ancien. Il était grand et maigre ; ses cheveux blancs tombaient sur ses tempes, et, par derrière, ils étaient attachés avec un ruban de soie noire, et la queue était encore fournie; entièrement dépouillé, le sommet de son crâne un peu pointu luisait comme un vieux marbre. Bien qu'il eût près de cent ans, l'homme! il était droit comme un I, et son œil miroitait comme l'acier. Il marchait tenant d'une main la corne de la charrue et de l'autre l'aiguillon. En marchant, il parlait à ses bœufs efflanqués et couverts de sueur. Il avait le tablier de basane que portent les laboureurs du pays, et comme eux, il était vêtu de *cadix,* et comme eux, en sabots.

Inot et Janille allèrent à lui, et, après lui avoir, au nom de tous, souhaité la bonne année *accompagnée d'une foule d'autres,* ils lui présentèrent une couronne de laurier fraîchement coupé. Cette couronne le troubla beaucoup et le fit réfléchir un peu, puis il dit qu'il ne savait pas s'il devait la prendre, mais qu'il était bien content tout de même qu'on la lui eût offerte, et, après avoir embrassé le passeur et ses enfants, il invita tout le monde à boire un verre de piquette. Les gens de Sainte-Livrade entrèrent dans la borde, et bientôt, le verre à la main, ils burent à la santé de l'Ancien, debout au milieu d'eux. Quand ils eurent trinqué, bu et encore trinqué, Lestouq, qui s'était battu en Crimée et dans la Baltique, sortit des rangs, et dit avec familiarité, mais plein de respect, pourtant : « Ah çà ! l'Ancien, contez-nous quelque chose, parlez-nous de quelque bataille. »

Le vieux laboureur, ayant tressailli, répondit : « Enfants, je veux bien ! » Et, sans quitter son tablier de basane, il alla prendre à l'une des quatre quenouilles d'un grand lit à baldaquin un vieux casque à crinière bossué et un sabre de grosse cavalerie usé d'estoc et de taille. Ayant dégainé et mis le casque en tête, il dit :

« Ce jour-là, mes enfants, ils étaient bien au moins sept pour un ! Le général nous dit qu'il fallait tous mourir ou leur passer dessus. Nous aimions le général, il était si *joli,* si brave, si vaillant, le plus brave de nous tous. Nous répondîmes : « Oui, général ! » Et le général dit : « Tant qu'elle vous aura, camarades, la patrie ne risquera rien, faisons de notre mieux et ça ira. » Nous répondîmes : « Oui, général. » Nous aimions tous le général. Il n'y en avait pas un autre pareil à lui dans l'armée. Son cheval et lui, c'était tout un. Il ne craignait rien. Il sautait comme un lion. Il se moquait des balles et des boulets, autant et même plus que de la pluie et des grêlons, c'est-à-dire qu'en le voyant faire, nous avions tous du feu dans le sang. Et ce jour-là, il frappa si fort qu'il en fit à lui tout seul avec son *esprit* et son *espase* (épée) autant ou presque autant que toute l'armée avec le fusil, le sabre et le canon. On le voyait partout en même temps, avec ses longs cheveux roides encadrant son maigre visage blême, et ses grands yeux noirs qui luisaient terriblement et nous rendaient tous à moitié fous. « En avant ! » criait-il toujours de sa voix sonnante, et nous autres, Lorrains, Bourguignons, Normands, Auvergnats, Bretons, Champenois, Picards, Provençaux, Alsaciens, Basques, Savoyards,

Quercynols, Gascons, Français du Nord et Français du Midi, nous tous mêlés, infanterie, cavalerie, artillerie, hussards, chasseurs, grenadiers, piquiers, dragons, cuirassiers, guides, chevau-légers, canonniers, fuséens, nous marchions escadrons sur bataillons et bataillons sur escadrons et nous enfoncions tout, tout : les hommes, les canons, les caissons, les équipages, les ânes, les chevaux et les mulets de l'ennemi. Fallait voir! Et l'on chantait tous ensemble : « Allons, enfants de la patrie! Aux armes, citoyens! » et, rouges de sang de haut en bas, rouges à faire frémir, au bruit des clairons, des trompettes, des tambours et des fifres, on travaillait ferme la peau de l'Allemand et de l'Anglais. Que c'était beau, cela, mon Dieu! que c'était beau! Fantassins et cavaliers, en avant, marche! En avant! Et pas de quartier! Et, serrés les uns contre les autres, en tas comme des moutons, saouls de musique et de poudre et pleins de l'amour du pays, avec nos piques, nos sabres et nos baïonnettes, nous suivions toujours le général, et le général, lui, de plus en plus blême sous ses grands cheveux qui pendaient, portant son chapeau en bataille, tenant d'une main son épée et de l'autre le drapeau tricolore, allait dans la fumée noire, avançait dans la flamme des canons et sous la pluie de la mitraille, avançait toujours et toujours au cœur des brigades étrangères... Enfin, l'ennemi se rendit. Andoche Kardaillac, moi, j'étais là!... Nous avions gagné la bataille, les tyrans tremblèrent, la République fut contente. Et celui qui nous commandait, acheva l'Ancien d'une voix religieuse et les yeux mouillés, c'était le général MARCEAU!... »

Il se tut.

Tout le monde avait envie de pleurer ou pleurait autour de lui.

La première émotion passée, on baisa ses mains vaillantes et vénérables, qui tremblaient toutes froides, on toucha son vieux casque d'airain et son sabre ébréché qu'il avait rapportés de la Grande-Armée, et tout en l'étreignant, chacun le mesurait de l'œil.

— Un autre récit, *pepe* (aïeul), encore un autre récit.

Et, tandis qu'il reprenait haleine, on lui ceignit le front de la couronne de lauriers qu'Inot et Janille lui avaient, en arrivant, offerte au nom de tous.

Il rougit et puis il pâlit.

Tout à coup transporté d'orgueil et de joie aux grands souvenirs qui vivaient en son âme, il redressa l'échine et fit des gestes superbes : armé toujours de son antique lame et son casque chevelu dansant tout hérissé sur sa tête blanche laurée, il se campa d'aplomb sur ses vieilles jambes encore solides, et, d'une voix ferme et retentissante comme un clairon, il dit, en quelques minutes, et toutes ses batailles et toutes ses aventures et toute sa vie.

Il dit les villes innombrables et magnifiques dont il avait escaladé les remparts; les fleuves grands comme des mers qu'il avait traversés à la nage et sous le feu des ennemis; les montagnes hautes comme la mère Pyrénée franchies à cheval; il dit le Rhin, aux bords duquel, sans pain et sans souliers, les soldats de la République mouraient toujours victorieux en criant : Vive la Nation ! la Liberté ! ou la mort ! Il dit l'Egypte avec ses déserts brûlants et pestiférés, il dit l'Italie où les femmes ont les cheveux aussi noirs que l'aile des corbeaux, il dit la Russie avec son froid mortel et ses neiges sans bornes, il dit Moscou calciné jusque dans ses racines de pierre, il dit l'Espagne et le sac de Saragosse, il dit la Hollande et les chevaux allant sur la glace, lancés à l'assaut d'une flotte ennemie, il dit les Alpes où les soldats en passant à cheval, près des aires, dénichaient les aigles épouvantés, il dit la Bérésina, l'Essler, et les grandes noyades ; il dit les mornes affreux de Saint-Domingue ; et puis, après avoir dit les pays qu'il avait parcourus le cul sur la selle, la latte et le pistolet au poing, il dit quels étaient les soldats des peuples que la France avait vaincus : il dit le Kaiserlick toujours détruit et toujours ressuscitant de ses cendres, il dit le Cosaque camus toujours affamé de vol et de carnage ; il dit l'Italien brave de loin, lâche de près, aussi cruel que poltron et toujours fourbe ; il dit le mameluck en turban, l'intrépide et luisant mameluck qui, cousu sur son cheval harnaché de bandelettes de soie et de métal, allait aussi vite que l'air et venait mourir dans la gueule des canons; il dit les prêtres espagnols vêtus de longues robes noires et coiffés de chapeaux qui n'en finissaient plus, se battant un crucifix d'une main et l'escopette de l'autre; il dit l'Anglais insaisissable dans ses grands navires de guerre et si meurtrier à la France ; il dit le Polonais ami, le brave des braves, superbe entre tous les soldats du monde, et puis il dit le nègre féroce, aussi noir que le jais, effrayant avec ses gros yeux blancs roulant comme des boules de porcelaine et sa tête ronde à cheveux de bélier, le nègre infernal de Saint-Domingue habillé comme un soldat de l'Europe et se défendant comme une bête, la poitrine traversée de balles, et la baïonnette ou le sabre encore dans le flanc; il dit enfin les soldats de toutes les puissances de la terre, et tandis qu'il parlait, héroïque et naïf, il semblait qu'il entendait au loin au milieu des rumeurs sourdes de la bataille les grosses pièces d'artillerie gémissant sur leurs affûts, et la terrible fusillade, et les charges de cavalerie, et le feu roulant des bonnets à poil formés en carrés, et la marche irrésistible des grands cuirassiers bardés de fer, et le choc des boulets sur les retranchements, et le martellement des sabres et des lances et des crosses de fusil sur les casques et les cuirasses, et le bourdonnement des tambours et le chants des clairons, et par-dessus tout cela, le cri de cent nations diverses expirant égorgées autour de leurs drapeaux ou broyées sous les sabots des chevaux hennissant échevelés, cabrés, rouges de sang jusqu'au poitrail ; le cri des peuples agonisant sous une pluie d'obus et de mitraille, en présence de leurs maîtres, empereurs et rois et ducs, qui ne disaient pas seulement : « C'est bien ! »

Il avait dit.

Tous les bras l'embrassaient, et toutes les bouches le baisaient.

« Il est beau ! disait-on avec enthousiasme et candeur, il est rajeuni; il n'a que vingt ans, il se battrait encore comme un lion et comme un aigle avec les ennemis de la France; il est superbe, il a grandi. Voyez ses yeux, ils luisent comme s'il était encore dans la bataille, au milieu du tonnerre des canons. Et sa bouche? elle parle même lorsqu'il ne dit rien; il est superbe, il ne devrait jamais mourir !

Et de nouveau, toujours, encore, on le touchait, on l'embrassait et l'on criait à l'envi :

— Vive l'Ancien ! vive l'Ancien !

A son tour, il frissonnait très-ému, lui, le pauvre vieux soldat, et n'étant plus dans le feu du récit, il se soutenait à peine et balbutiait comme un enfant. On pouvait lui faire beaucoup de mal et peut-être même le tuer en le fatiguant davantage. Il fallait en finir. Rouma qui veillait à tout et dirigeait tout, donna le signal du départ.

Une fois encore, on acclama le vieil Andoche Kardaillac, « le grand vétéran, » et puis, enfin, après lui avoir souhaité de vivre au moins autant d'années qu'il en avait déjà vécues, on s'en alla comme on était venu, tous ensemble, en chantant, Inot et Janille en tête du chœur; mais, avant que de se quitter et de rentrer chacun chez soi, l'on dansa quelque peu sur la coudrette au clair de la lune et au son du chalumeau, le long de la rive droite du Tarn. Ah! si Rouma, sa fille et tout le monde avait l'air satisfait de l'emploi de son temps, celui qui de tous se montrait encore le plus en train et le plus réjoui, c'était bien certainement le bouscassié!

Comme il la coulait douce, lui, depuis qu'il habitait le bord de la rivière. Elle était si douce, si douce, cette vie-là, qu'elle n'aurait pu l'être davantage. Aujourd'hui, c'était une joie et demain une autre, et par-dessus tout le plaisir extraordinaire et sans pareil au monde de voir quotidiennement, à toute heure de la journée, qu'il plût ou qu'il fît beau, celle qu'il trouvait incomparable entre toutes les filles du pays et qu'il adorait. Oui, par moments, Inot, tant il jouissait, croyait vivre et vivait réellement en paradis : il était heureux.

Vrai ! Rien ne lui restait à désirer, rien : à défaut de la cognée, il maniait la gaffe et l'aviron ; s'il eût préféré peut-être aux rumeurs dolentes des eaux la voix superbe des chênes sous le vent, sa forêt à la rivière, en revanche, n'avait-il pas avec lui Rouma, qu'il aimait autant que soi-même ; et n'avait-il pas Janille, qu'il aimait cent fois plus ? Adorant les siens, il était aussi tout pour eux, et le bonheur habitait la maison. On était content de tout et tous les jours, aujourd'hui comme demain. Et si l'amitié, certes, ne manquait pas, l'ouvrage non plus ne faisait jamais défaut.

Outre son bac et quelques lopins de terre à soigner, le passeur avait encore une autre occupation assez importante : il remorquait de grandes gabares chargées de grains ou de bois ou de plâtre à destination de Sainte-Livrade et des environs.

Comme il n'existe pas entre Moissac et Montauban de chemin de halage sur les rives du Tarn, un singulier mode de transport naval y était alors usité pour desservir les usines riveraines : on amarrait à l'avant des bateaux un câble énorme jalonné de palonniers de fer en arbalète; à chaque palonnier on attelait une paire de bœufs, et il en fallait dix, vingt, trente paires à la file, plus ou moins, selon la cargaison. Une sorte de banc à dossier de cuir commandait le joug des bœufs colonels, et sur ce siége en forme de trône se plaçait le guide qui dirigeait l'attelage à travers la rivière.

Inot, le fou, raffolait de ce genre de navigation. Le rude métier de *bouvier-nageur*, auquel Rouma l'avait dressé, convenait à sa nature active et robuste. Il n'était jamais si joyeux et si fier que lorsqu'il gouvernait la nage. Accroupi sur le joug, tenant entre ses mains l'aiguillon comme un sceptre, il avait l'air de quelque dieu mythologique voyageant monté sur des monstres marins.

Les bœufs tiraient et s'efforçaient en reniflant. Tantôt ils avaient pied, et leurs fanons et leurs croupes ruisselants apparaissaient hors de la rivière;

tantôt, mufles au ras de l'eau, ils nageaient en haut fond, et leurs cornes ondulaient, blanches et brunes, à la surface du Tarn. Attentif à la manœuvre et son œil vigilant allant de l'une à l'autre de ses bêtes, Inot coupait en biais les tourbillons et les remous, entrait avec certitude dans les sinuosités invisibles du chenal, et la lourde et noire barque avançait contre le courant au sein des eaux qui miroitaient au soleil.

Si cette locomotion marinière ne manquait pas de pittoresque, elle n'était pas non plus exempte de périls. On citait plusieurs sinistres qui avaient eu lieu en rivière. Rouma, qui ne cédait que très-rarement à Guillaume la conduite des gabares, avait eu plusieurs fois l'intention d'abandonner ce dangereux métier.

Malheureusement, très-malheureusement, il différa toujours son projet.

Au cœur de l'hiver, mandé par divers maîtres de bateaux à Moissac pour remorquer des barques chargées de houille et retardées par une récente inondation, il se mit en route, bien que les eaux fussent encore grosses.

Le bateau qu'il s'était chargé de haler remonta très-bien jusqu'à cinq cents mètres environ en aval de Sainte-Livrade. A cet endroit-là, nommé Zoÿgx, le Tarn, rétréci dans son lit, fait un brusque coude et le courant se précipite et moutonne entre deux blocs abrupts de granit très-élevés et presque à pic. Remarquant que l'attelage faiblissait, Rouma voulut relâcher. On lui donna l'ordre de pousser en amont. Il obéit. Comme les bœufs fatigués n'avançaient presque point, on lança sur eux des chiens de rivière dressés à cet usage. Le câble se roidit sous l'effort des bêtes à corne mordues et lacérées, et la barque alla péniblement de nouveau contre le vent et le flux. Presque aussitôt Rouma sentit s'affaisser le banc du haut duquel il guidait la manœuvre; il baissa la tête et regarda sous lui. Les bœufs porteurs s'enfonçaient épuisés. Un des deux ne résistait même plus au courant.

Il fallait agir et vite.

Excellent nageur, et, du reste, homme fort courageux, Rouma ne tergiversa point. Ayant dépouillé la plupart de ses vêtements, il se jetait à la rivière comme les bœufs s'engloutirent ; par malheur, en ce moment même, une de ses jambes s'embarrassa dans le joug. Quoique sous l'eau, conservant toute sa présence d'esprit, il tira de sa poche une serpe qui ne le quittait jamais et parvint à rompre la lanière de cuir où sa jambe était prise. Habile et prompt il se dégagea. Libre de ses mouvements, il remontait à l'air, à la vie, il se sauvait... O douleur! Atteint tout à coup entre les omoplates par l'un des bœufs submergés qui se débattaient dans l'asphyxie et la mort, il se sentit perdu, perdu sans ressources. Ses membres, comme paralysés par le choc qu'il venait de recevoir, refusèrent d'agir; et, torture indicible, en cet instant, il avait de rechef cinquante pieds d'eau sur lui, la respiration lui manquait, et, dans ses oreilles, mugissaient tous les bouillonnements et toute l'horreur du gouffre.

Il pria Dieu.

Bien que le flot le fît tournoyer comme un fétu de paille, il avait encore tout son sang-froid. Avide d'air, il ouvrait la bouche et buvait malgré lui. La rivière passait et pesait sur sa tête. Il fallait mourir, il le sentait bien : il fallait mourir. Opiniâtre, avec cette surnaturelle énergie dont disposent parfois ceux qui vont s'éteindre, il troua brusquement et d'un seul effort, le couvercle immense et lourd qui l'accablait et réussit à s'élever, à se maintenir quelques secondes à fleur d'eau. Vaine et suprême lutte! il périssait. Alors, avant de rendre l'âme, il embrassa d'un œil mourant, les rives natales où vivait tout ce qu'il aimait, et, consolation amère que lui devait au moins le destin, il eut le temps, avant de sombrer, de voir Guillen, son fils Guillen, se précipiter au milieu de l'abîme pour l'en arracher et là-bas, au loin, Janille éplorée, à genoux sur la berge et tendant les bras vers le ciel, hélas! éternellement impassible et sourd aux angoisses humaines.

Il est des deuils que l'on ne peut s'accoutumer à croire de toute durée : on est depuis longtemps déjà séparé d'une âme qui vous était chère entre toutes, on vieillit, le temps s'écoule et fuit et vole et l'on s'attend toujours cependant à voir reparaître ceux que l'on pleure et qui ne sont plus.

Un mois après la mort de leur père, Inot et Janille, qui l'avaient vu mourir sous leurs yeux, n'avaient pas encore pu s'habituer à l'idée de l'avoir perdu. Partout, à toute heure de la journée, ils croyaient l'entendre, ils croyaient le voir :

« L'heure du repas approche, il ne peut être loin, pensaient-ils ensemble ou séparément ; il va venir, il vient, il approche, il arrive, il va paraître à la tête de la colline, ou sous les arbres de la rive, ou dans sa gabare, au milieu du Tarn. »

Hélas ! ces bonnes chimères s'évanouissaient vite. Alors ils examinaient en silence la rivière, et tantôt c'était Janille qui sanglotait, disant : « Où donc est-il ? Seigneur du ciel, où donc est-il ? » et tantôt c'était

Inot, fondant en larmes, qui s'écriait : « Père Rouma, notre pauvre père Rouma ! »

Remplis de piété filiale, ils s'oubliaient entièrement eux-mêmes pour ne songer qu'à celui qui les avait quittés ; ils s'en voulaient d'avoir une seule pensée qui lui fût étrangère, et s'en accusaient l'un et l'autre avec amertume.

« Oublies-tu donc qu'il est mort ? » disait Janille, si quelque sourire triste effleurait les lèvres d'Inot la regardant avec tendresse ; et si Janille, à son tour, un peu moins abattue arrivait à se soustraire un tout petit instant à l'obsession du souvenir et des regrets, les yeux étonnés d'Inot lui adressaient bien vite ce reproche : « Eh ! quoi ! tu n'es plus déjà chagrine ! Ah ! s'il revenait, que dirait-il, lui ? »

Quoiqu'affligés ou peut-être parce qu'ils l'étaient, ils s'aimaient autant et plus que par le passé, mais ayant toujours peur de se blesser réciproquement par des mots qui ne fussent pas en rapport avec l'affliction dont l'âme de chacun d'eux était pleine, ils se contraignaient à se taire et, tout en souffrant du silence obstiné qu'ils gardaient en présence l'un de l'autre, ils ne cherchaient aucunement à le rompre. Où donc était le temps que, sans crainte de se paraître mauvais, ils exprimaient librement tout ce qui leur passait par la tête et tout ce qui leur chantait au fond du cœur... Ah! sans doute, ils étaient tout l'un à l'autre et plus que jamais tout leur était commun aujourd'hui, mais le deuil avait peut-être tué sans retour et leurs joies et leurs jeux : ainsi que jadis, elle, Janille ne se faisait plus belle en se parant tantôt d'une façon et tantôt d'une autre; elle laissait aller incultes au long de ses épaules ses cheveux qu'elle tressait et lissait naguère avec tant de soin; elle ne s'escrimait plus à se coiffer, à marcher, à saluer comme une dame; elle ne mettait plus des branches de lilas ni des roses dans son chignon, elle ne piquait plus à sa camisole des simples sauvages qui sentaient si bon, elle ne se mirait plus avec plaisir au miroir de la rivière; elle était trop triste pour être coquette, et Guillaume, triste comme elle, ne faisait pas non plus le galant comme autrefois ; il ne songeait plus à couper des roseaux qu'il perçait de cinq trous et à jouer sur ces *amboises* les branles et les chansons du pays ; il ne faisait plus parade de sa force et de sa souplesse en escaladant les arbres et les talus, en sautant par-dessus les fossés et les haies ; il ne songeait plus à parler aux échos, il restait dolent auprès de Janille et n'osait maintenant rien inventer pour la divertir et se rendre lui-même plus aimable. Oui, vraiment, ils étaient bien changés, tous les deux ; elle, gémissait et se fanait les yeux à pleurer sans répit, et lui, toujours et partout une seule idée le préoccupait : retrouver le corps du passeur, probablement englouti dans quelque caverne sous-fluviale au bas d'une ligne de rocs.

En vain avait-il, à cet effet, sondé le Tarn à la nage, plongé dans toutes les eaux, exploré vingt fois le lit de la rivière, de Moissac à Sainte-Livrade, ses recherches avaient en tous lieux et sans cesse été stériles ; néanmoins, il n'y renonçait point. Y renoncer ! Il eût fallu renoncer aussi par suite au projet pieux qu'il avait de conserver la dépouille mortelle de Rouma dans un hêtre évidé par la foudre et dont le tronc creux et large pouvait très-bien, à son avis, servir d'urne sépulcrale.

Attentif à sa douleur et tout rempli d'elle, il était certes loin de prévoir quelles devaient être les conséquences funestes de la catastrophe qui l'avait frappé si profondément à l'improviste, et cependant, un coup non moins cruel que celui qui l'avait atteint le menaçait déjà.

Ne sentant plus peser sur soi la parole et l'œil imposants de feu son beau-frère, Antoine Fonsagrives n'avait pas tardé longtemps à revenir à son ancienne opinion; il le reconnaissait très-bien *aujour d'aujourd'hui* : sa sœur, la veuve, voyait juste, il fallait couper court au mariage en question et faire comprendre au bouscassié qu'il ferait bien de retourner sous bois. Extraordinairement avisée et fine, quoique brutale à l'excès, la Roumanenque, avant que d'agir, résolut d'attendre que le désespoir causé par la mort du passeur à Janille, s'assoupît; elle eût craint, en précipitant trop les choses, de pousser sa fille à faire quelque sottise, peut-être irréparable : un coup de tête est sitôt fait.

« A la fin des fins, se dit-elle, la petite cessera de gémir et de réclamer son père à cor et à cri, et le bouscassié, cet intrigant, se fatiguera sans doute, aussi, lui, d'avoir l'air de plaindre mon homme, Rouma, qui s'est noyé. Patientons un peu, ça viendra. »

L'heure arriva trop tôt que la veuve du passeur appelait de tous ses vœux. Requis au nom du gouvernement, par le maire du canton, Inot dut se rendre à la Française pour y subir le sort. Il y alla, ne s'imaginant même pas que les conventions acceptées par le langoyeur du vivant de Rouma fussent en rien changées et tranquille, ayant mis la main dans l'*oule*, il tira. Vraiment, la chance fut loin de le favoriser : il porta le numéro 1.

« Un! tout ça! Pardi, Janille trouvera que je suis

bien maladroit, se disait-il tout guilleret en revenant à Sainte-Livrade. »

— Eh bien ? lui cria-t-elle de loin aussitôt qu'elle le vit venir.

Il répondit :

— Ah! que tu vas rire !... Imagine-toi que j'ai tiré le plus petit.

— Oh! quel malheur! fit-elle en regardant le ciel avec effroi, nous sommes perdus.

— Eh! perdus! Ah! ça mais, qu'est-ce que tu as, Janille?

— O Guillen, mon pauvre ami, ma mère m'a dit ce matin...

— Achève, *meou*.

— Sainte Vierge ! Sainte Vierge !

— Allons, Janille, allons donc, parle un peu, pour voir?

— Oh! Guillen, Guillen, elle m'a dit, ma mère, elle m'a dit et redit que si tu tombais au sort, il te faudrait aller à l'armée.

Inct pâlit à ce coup et marcha sans prononcer un

mot et trébuchant à chaque pas vers la Roumanenque qui, plantée sur le seuil de sa porte, le salua par cette question :

— As-tu bien choisi le chiffre, au moins?

Il secoua la tête, et la veuve, insolente et joyeuse, s'écria :

— C'est bien dommage que tu ne sois ni borgne, ni boiteux, ni bossu !

Puis, avec une allégresse encore plus insultante, elle trempa la soupe aux choux et prépara la salade de pissenlits, les deux mets dont se composait habituellement le repas du soir.

— Allons, viens manger, Guillen, dit-elle quand la table fut mise; arrive, enfant, et crois cette bonne vérité que voici : l'appétit, c'est le principal; le reste, pas grand'chose.

Inot s'assit, posa sa tête dans ses mains et ses coudes sur la table, et de temps en temps, il regardait Janille qui, s'efforçant au repas, mouillait de larmes chaque bouchée de pain.

— Non ! je ne peux pas manger, dit-elle enfin en cachant sous ses dix doigts sa figure aussi blanche que de la cire et tout en larmes.

La Roumanenque, à qui ces paroles étaient en quelque sorte adressées, affecta de n'y pas répondre et, froide comme un glaçon, ne desserra plus les dents de la soirée.

— Et surtout ne te fais pas de mauvais sang, dors bien ! cria-t-elle à Guillaume, qui, le cœur gros, allait se coucher dans la grange.

Il se retourna tristement.

En dépit de la recommandation, il ne put fermer l'œil, et, toute la nuit, il ne fit que répéter, en se roulant dans la paille : « Je ne veux pas quitter Janille, moi ; je ne veux pas la quitter. »

Au point du jour, il se leva et descendit au bac, selon la coutume.

Le bateau chargé de moissonneurs qui se rendaient aux champs, était au beau milieu de la rivière.

— Ohé ! l'ami, qui t'a donc donné l'ordre de prendre

la gabare? demanda Guillaume à l'homme qui la manœuvrait.

— Qui?... la Roumanenque! répondit celui-ci en abordant, et c'est moi qui, dès aujourd'hui, te remplace, bouscassié.

Inot eut envie d'arracher la gaffe au brutal, mais il se contint et courut s'expliquer avec la veuve. Elle était en train d'empâter ses oies et paraissait très-paisible.

— Inutile que tu parles, bouscassié, dit-elle avant que Guillaume eût ouvert la bouche, je sais ce que tu veux me dire. Écoute bien, mon frère ni moi, nous ne pouvons t'acheter un homme, et toi, tu ne peux plus rester ici. Du moment qu'il te faut quitter le pays, tu ne dois plus penser à Janille. Si je te gardais encore dans ma maison, on finirait par trouver cela très-laid et les gens m'en voudraient, bien sûr. Retourne chez toi sans t'inquiéter, je te le conseille; le chagrin, je te l'ai déjà dit, est une mauvaise compagnie et fait maigrir.

Hébété par ces coups de couteau, Guillaume tenait ses yeux et sa bouche grands ouverts et ne bougeait point.

— A quoi donc ça t'avancera-t-il, reprit la veuve inexorable, de rester ainsi devant moi, planté comme une borne à bord de route? Imbécile! Tu ferais mieux de t'en aller en haut, dans tes bois. Est-ce que tu penses qu'on te doit quelque chose, ici? Parle, on te le paiera.

C'en était trop. Inot fondit en larmes et s'écria, navré :

— Roumanenque, avant de partir, je veux embrasser...

Il ne put finir.

— Embrasse-la et va-t'en! grommela la Roumanenque, après avoir appelé sa fille, qui sortit aussitôt de la maison.

— Que te fait-on, Guillen mon ami? dit Janille, en le voyant tout en pleurs et blanc comme un linge sous ses grands cheveux bruns, épars.

— On m'a fait affront. Un affront !... Ta mère me renvoie d'ici, Janille; adieu! s'écria-t-il désespéré; je ne reviendrai plus; adieu! mamie, adieu!

Ceci dit entre deux sanglots, il s'éloigna.

Sans trop savoir où le portaient ses jambes, indécis comme celui qui n'a pas de demeure et n'a pas de famille, il marchait à l'aventure. Habitué à considérer comme sienne la maison de Rouma, il se demandait ce qu'il allait devenir à présent qu'on l'en avait dépossédé. Seul! il était seul, encore une fois condamné à vivre seul. « Ah! mon Dieu, répétait-il toujours en marchant à l'aveuglette; ah! mon Dieu. » Comme il côtoyait le précipice de Tallambolit, il regarda dans le vide et se dit ingénument qu'il ferait peut-être bien de sauter au fond du trou. Toutefois, il n'en fit rien, passa outre et suivit machinalement le chemin de la forêt.

— Hé! filleul, lui cria-t-on comme il passait devant l'église paroissiale de Saint-Guillaume le Tambourineur; arrive ici, filleul!

Inot s'arrêta sur place, et, levant la tête, il vit à table son parrain le curé qui, dodelinant de la tête, à son habitude, et, par hasard, barytonnant à l'opposite, était en train de déjeuner avec Thècle, sa servante, au milieu de la cour du presbytère, sous un gros et bel orme à mille branches, un des plus vieux et des plus grands arbres du pays.

On était en pleine belle saison; le ciel luisait, il était un peu plus de midi; les canards et les oies trompetaient, barbotant ensemble dans la mare, et la volaille picorait tout autour; allant par bandes, des dindons s'arrondissaient avec emphase et des pintades stridaient en chœur; indolente, une ânesse broutait les chardons poussés au bas du talus qui défendait le jardin potager, et tout à coup ruait, effarouchée de son ombre ; errant çà et là, un cochon du Tong-King, aussi rose que dodu, fourrait son groin dans toutes les immondices rurales, et, grognant de plaisir, semait de ses fientes le sol blanchâtre de la cour ; orgueilleux, juché sur la capote d'un cabriolet, un grand coq blanc chantait de minute en minute, dressé sur ses ergots; au-dessous de lui, dans une hotte d'osier appendue au coin d'un mur, une poule déchirait l'air de ses cris, en pondant; une autre, entre les roues de la voiture, gloussait en conduisant ses poussins; enfin sur les toits des bâtisses, à droite, à gauche, en tous sens, allaient et venaient des passereaux gloutons et voleurs, emportant qui des miettes de pain et qui des débris de viande tombés de la table abbatiale autour de laquelle, rengorgés et boursouflés, se poursuivaient avec mille roucoulements d'amour plusieurs couples de pigeons pattus aux plumes changeantes, et rôdait une vieille chienne podagre et chauve qui, parfois, grommelait en montrant ses chicots à un chat hydropique soufflant tout hérissé.

« Quelle joie et quel soleil en ce coin de terre! »

Inot considéra pendant quelques instants cette maison tranquille où, jadis, vingt années auparavant, il avait été recueilli venant de naître et nu comme un ver; ensuite il alla s'asseoir sur un banc de pierre auprès de son parrain, qui, dès l'abord, frappé de sa tristesse mortelle, lui dit :

— Ah ça! filleul, mon ami, qu'as-tu donc? tu n'as pas l'air, sais-tu, d'être content.

— Hélas! parrain, hélas!

Si le curé de Saint-Paul d'Espis était aigu comme une ortie et brutal comme un bâton de houx, le desservant de Saint-Guillaume le Tambourineur, au contraire, était tout lait et tout miel, lui.

— ...outre! fit-il en voyant Inot si consterné, ça va beaucoup plus mal que je ne croyais, voyons, filleul, conte-moi vite ça.

Guillaume obéit.

Tandis qu'il parlait en se lamentant, le soleil, en son plein, envoyait dans les branchages de l'orme de brusques éjaculations de lumière qui accrochaient un monde d'étincelles à chaque feuille, et parfois, un rayon se jouait dans la chevelure épaisse et grisonnante du curé et lui mettait comme une gloire autour du front. Radieuse aussi, Thècle, la brave servante, s'épongeait la face avec un mouchoir de cotonnade, et, tout en mastiquant, soupirait des litanies. Ayant mangé comme trois, bu comme quatre, pris café, petit verre *et cætera,* ouvert son bréviaire, flatté la chienne qui était morose, caressé le chat qui ronronnait en faisant le gros dos, fait la nique à Thècle adossée au tronc de l'arbre et qui le couvait de l'œil, le saint homme s'assoupit enfin, murmurant, onctueux et satisfait : « O mon Dieu ! ayez pitié des pauvres qui n'ont nul asile et des matelots qui sont sur la mer... *per omnia sæcula sæculorum... Amen!... A... A... men!* »

Et le bouscassié parlait toujours.

—Assez! babillard, assez! lui dit Thècle en lui montrant le curé qui sommeillait, il s'endort; tu reviendras un autre jour lui demander conseil.

Inot se leva doux et triste comme une ouaille et s'en alla.

Chemin faisant, il disait son malheur aux buissons de la route, qui peut-être l'écoutaient et l'entendaient, eux.

Après mille et mille zigzags et plusieurs heures de marche, il arriva sous bois enfin, et bientôt il aperçut entre les arbres des futaies le toit de sa cabane. La porte en était entr'ouverte, et par l'entre-bâillement passait un rayon de soleil. Il entra, s'assit sur une escabelle, et ses yeux parcoururent tristement les murs qu'il avait bâtis; autour de lui ses vieux meubles, ses outils, *Balento* (Vaillante), sa cognée, toutes les choses qui lui étaient jadis familières semblaient lui sourire et lui souhaiter la bienvenue; il y voulut toucher, et se souvint, en y touchant, du jour qu'il les avait quittées sans regrets, plein d'espérance et fou de bonheur.

Ce jour-là, mais c'était hier!... Oui, c'était hier qu'il avait sauvé la vie à Janille, et que Rouma lui disait : « Bouscassié, ma maison est à toi, bouscassié, tu seras mon fils! » Hier, hier encore, il avait une famille, et maintenant il était seul, de nouveau orphelin. En perdant Rouma, n'avait-il donc pas assez perdu? Janille! fallait-il qu'il la perdît aussi, elle!... Atteint à l'âme par cette idée terrible, il resta plus d'une heure immobile et comme privé de sentiment. Tout à coup, au fond de son esprit apparurent les diverses scènes de sa vie durant le séjour de plus d'un an qu'il avait fait aux rives du Tarn.

» On était en hiver, il faisait bien froid; les arbres étaient couverts de givre et la terre gelée sonnait sous les pieds des passants comme les dalles de l'église sonnent le dimanche sous les sabots et les souliers ferrés des chrétiens; on était allé dépouiller le maïs dans une borde voisine; en travaillant on chantait de douces chansons; Andoche Kardaillac, s'il était là, parlait de la Première et Grande République, et puis le passeur, pécaïre ! racontait à son tour de jolies histoires qui faisaient rire et pleurer et qui vous donnaient aussi la chair de poule; il disait *l'Ascension du mage de Saint-Carnus de l'Ursinade* ou bien *les Amours du Chevalier et de la Bergère*; on écoutait, chacun de toutes ses oreilles, hommes et femmes, et les vieilles, filant au rouet, oubliaient quelquefois de mouiller le chanvre et restaient là, bâillant comme des canes; subitement, quelqu'un de la compagnie avançait sur le pas de la porte et regardait les étoiles du ciel; il se faisait tard, bien tard; alors, chacun de son côté, rallumait sa lanterne, et sur le coup de minuit, tout le monde s'en allait le long des chemins de traverse, et le plus heureux de la société tenait, en revenant au logis, Janille par la main.

» Oh! le bel hiver!

» A quelque temps de là, la saison changeait petit à petit; et puis, un beau matin la campagne était tout embellie et réjouissait l'œil; il y avait de la verdure au fond des vallons et sur les coteaux, les feuilles avaient poussé tout le long des arbres et les branches des chênes s'allongeaient toutes brillantes de rosée et sentant bon; aimables musiciens, les oiseaux du pays faisaient entendre leurs mille ramages, et les hirondelles, revenues de leur voyage annuel, allaient brunettes et blanchettes, au milieu des airs, avec de jolis petits cris et montrant leur aimable bec ourlé de jaune et leur fine queue fourchue ; oh ! que les champs étaient beaux en ce moment ; tout poussait, montait sur pied ; les blés, les seigles, les maïs, se courbaient sous le vent, et prenaient, en ondulant ainsi, toutes les formes et toutes les couleurs ; amoureuse et tout en travail, la terre s'ouvrait en fumant aux baisers du soleil : on avait la vie au cœur et du cœur à l'ouvrage, par ces temps-là ! la rivière était belle, l'air embaumait, on allait à la pêche, on maniait l'aviron, et Guillaume, heureux comme un roi, remorquait les lourdes gabares, assis sur les cornes des bœufs.

» Oh ! le beau printemps !

» Ensuite arrivait le temps du grand soleil ; on se sentait fondre en eau, la terre se crevassait et demandait à boire par toutes ses crevasses, la verdure se grésillait à la chaleur et séchait sur pied, hommes et choses semblaient vivre dans le feu ; pourtant, il fallait agir :

l'heure était venue des forts travaux : « allons, debout, les enfants ! debout ! » et l'on se levait à la lumière des étoiles, on se rendait dans les prés, on aiguisait la faulx, on s'espaçait et puis, à l'œuvre ; aux premières blancheurs de l'aube, halte-là ! tout le monde s'asseyait autour des noyers épars dans la prairie et chacun tirait ses vivres de son havre-sac ; on frottait d'ail ou d'oignon un coin de pain, on le saupoudrait de sel, ensuite, en avant, les mâchoires ! et, quand on avait soif, la grosse bouteille commune passait de main en main, on la tenait en l'air à la force du poignet et chacun, à son tour, buvait à la régalade ; « au travail, hommes, au travail ! » il fallait se remettre à l'ouvrage, et cette fois sous le grand soleil ; le ciel vomissait de la braise, et la terre brûlait en flammes comme le ciel ; on était aveuglé ; les faulx qui luisaient comme des miroirs coupaient l'herbe ainsi que les vipères qui s'y cachaient, et les faucheurs, suant et peinant, fauchaient toujours, à peine abrités sous leurs grands chapeaux de paille de riz ; à midi, halte, de nouveau ; personne n'en pouvait plus; on ruisselait de sueur, on était trempé; chacun avait sa chemise collée à la peau. Vite, on allait s'essuyer et se refaire l'estomac à la borde où la soupe fumait sur la table : « une, deux ! » on mangeait tout chaud, ensuite on allait s'allonger dans les granges et l'on faisait sa méridienne; une couple d'heures après, on se relevait dispos, et l'on courait charger sur des charrettes le foin qu'on mettait vitement à couvert de peur de la pluie; oh! quels nobles travaux; on dormait peu; tandis qu'on était au lit, les aiguilles de la pendule ne faisaient jamais le tiers du tour du cadran, on mangeait à la hâte comme des affamés et l'on se cassait les ongles à la besogne; et tous les jours ainsi, jusqu'à la moisson; à la moisson, autre affaire : on quittait la grande faulx et l'on prenait la faucille; un fainéant eût été malheureux à ces heures-là; d'abord, on coupait le blé, puis on le mettait en gerbes, ensuite on préparait l'aire, on battait le grain à coups de fléaux, et tandis que le grain sortait des épis et que le fléau tapait, tapait, on chantait en travaillant... enfin, le soir, à la brune, après la journée faite, on amassait la récolte, on serrait les outils, on avalait une dernière bouchée de pain, et Rouma disait : « Ohé, les petits, allons, avant de nous coucher, nous asseoir au bord de la rivière et respirer un peu la fraîcheur de l'eau. »

» Quel été, quel superbe été !

» Juin, juillet, août s'éteignaient enfin, et les vendanges arrivaient, joyeuses ; on s'assemblait et, par troupes, on montait aux vignes allongées au revers des collines ; on se mettait en route, filles et garçons, un panier au bras et la serpette à la main, et l'on entourait, tout en escaladant les pentes, le char où, tenus par des câbles, sonnaient les noirs et profonds cuviers ; « ah ! Caoubet ! ah ! Laouret ! » et les grands bœufs blancs du Quercy, couronnés de pampres, envoyaient leurs langues au long de leurs mufles, dans leurs naseaux, et se léchaient, et mugissaient, contents de voir tout le monde content ; on cheminait, on plaisantait, et l'on entrait tous ensemble dans les champs; et puis, à la besogne! à chacun son rang de souches! on vendangeait en goûtant à la grappe, on coupait à droite, on coupait à gauche, et puis on allait verser les paniers pleins de raisin dans le cuvier où, presque nu, Jacou, Toinil ou Pierrès, écrasait sous ses pieds en sabots et les rouges et les blancs; Saint-Dieu! quels travaux de plaisance et quels amusements sans pareils! les garçons embrassaient les filles en les barbouillant de lie, et les filles, elles, en faisaient tout autant, en ayant l'air de vouloir faire le contraire... à la tombée de la nuit, enfin, on rentrait au logis, et c'était elle, la Janille, enveloppée de bluets et de coquelicots et de roses sauvages, qui tenait en ce moment l'aiguillon et touchait les bœufs, lesquels, comme s'ils avaient eu de la connaissance, obéissaient avec plaisir à ses moindres caprices et la suivaient préférablement à leur bouvier...

» Oh! quel automne, oh! quel automne!

» Et puis un mois ou quarante jours après les vendanges, à l'entrée du nouvel hiver, avant les semences, on coulait le vin, on dansait dans les chais au son de l'amboise et du tambour : Rouma riait et se divertissait de tout son cœur; Janille était avec les anges et n'eût donné pour rien sa part de paradis... On voyageait dans le ciel ! attendu, désiré, le dimanche arrivait enfin; alors, ils allaient ensemble, tous les trois, le passeur, Guillaume et Janille, au hameau où se tenait la fête votive; ils jouaient, eux, à la palette ou bien aux quilles; elle, au *Qui devine gagne;* et quand la nuit commençait à tomber, ils revenaient au bac par des petits chemins, à travers combes et collines, contents, cent fois plus contents qu'ils n'auraient pu le dire et, tant ils jouissaient, imbéciles à demi. »

— Non! dit Inot intimement déchiré par ces souvenirs, je ne veux pas quitter Janille, je ne veux pas quitter mon pays.

Et, sans tarder davantage, il allait revenir au grand

galop à Sainte-Livrade, revoir Janille, lui parler, lui faire comprendre et lui prouver clair comme le soleil qu'il était impossible qu'ils ne se vissent pas chaque jour, à tout instant, comme par le passé. Certainement qu'après l'avoir entendu dire, elle le suivrait à la Crête-des-Chênes; il l'y garderait en secret, il saurait l'y défendre et contre la Roumanenque, et contre le langoyeur et contre tout le monde à la fois. Hors de lui, l'esprit troublé par la douleur, il écoutait les plus extravagants desseins qu'elle lui suggérait, s'élançait pour les exécuter et s'arrêtait aussitôt, convaincu qu'il ne pouvait rien, absolument rien, et qu'il était fou.

La nuit vint. Il se résigna, quoique avec beaucoup de peine, à ne prendre un parti que le lendemain, et le lendemain, au point du jour, sa première pensée fut celle-ci : « Je ne peux pas vivre sans elle ! Il me la faut, je la veux, il me la faut. » Oubliant qu'il avait soif, qu'il avait faim, il partit. Il eut vite atteint Pignerox. Embusqué comme jadis sous les arbres de la rive, il épia le bac, la maisonnette, espérant que Janille se montrerait tôt à lui.

Vaine attente ! Le soir arriva qu'il ne l'avait pas encore vue. Il tremblait, impatient, et l'impatience lui donnait la fièvre ; il ne savait que penser, que croire : « pourquoi ne paraissait-elle pas ? Elle aurait dû paraître au bord du Tarn. » Et, se forgeant mille idées et se faisant toutes sortes de peurs, il trouvait bons tous les conseils de son désespoir, admettait toutes les exagérations de sa folie ; il avait le délire : peut-être que Janille avait quitté le pays, peut-être qu'elle était morte ! Absente ou présente, vivante ou morte, il la lui fallait.

Enfin, il n'y tint plus et passa, tout habillé, le Tarn à la nage. Il faisait nuit, et nulle lumière ne s'allumait au-dessus du bac, derrière la fenêtre de Janille ni derrière les vitres, au rez-de-chaussée de l'oustalet. Pourtant, c'était l'heure du souper. Pourquoi ce silence, cette obscurité ? La maison était-elle déserte, abandonnée ? Il rampa jusqu'au seuil de la porte. On parlait à l'intérieur... Et même l'on s'y disputait à voix haute. Il reconnut aussitôt le verbe aigu de la Roumanenque et celui de Fonsagrives. La veuve du passeur disait :

—Elle ne fait que suer et trembler; les nerfs ! A mon sens, c'est peu de chose. Et puis, ensuite, on ne meurt pas d'amour !

Inot avait-il bien entendu ?... Quoi ! Janille, sa Janille chérie souffrait et souffrait du mal dont il était lui-même atteint. O mon Dieu !... Cela lui fit peine et plaisir à savoir. On babillait de plus belle au dedans de la maisonnette. Il retint sa respiration et comprima de ses deux mains les battements extraordinaires de son cœur : il était tout oreilles.

Le langoyeur parlait à son tour :

— Elle était bien rouge tout à l'heure, répéta-t-il trois ou quatre fois. Attention ! il ne faudrait pas que cela tournât à mal.

Qu'avait-on dit? Était-ce bien vrai? Comment ! Elle était là, là, malade, fort malade, séparée de lui rien que par un mur, et ce mur, il lui était interdit de le franchir. « Oh! c'était terrible! oh! c'était affreux! » Au moins vingt fois en une minute et cent fois en un quart d'heure il eut envie d'entrer de force chez les Rouma pour embrasser son amie : il ne craignait ni la Roumanenque ni Fonsagrives, et rien ne l'eût arrêté s'il n'avait pas eu peur de troubler Janille et de la rendre plus souffrante en la troublant.

« Oh! du moins, si pour l'amour d'elle, je n'entre là dedans, je ne bougerai pas d'ici que je ne sache du nouveau! » se dit-il, en se réfugiant dans une vigne qui touchait presque à la maisonnette; après quoi, tremblant, immobile sous les ramures, il tint ses yeux braqués sur la chambre de Janille jusqu'à ce qu'il s'affaissa sur lui-même, écrasé de fatigue et toujours trempé jusqu'aux os par l'eau limoneuse et glaciale de la rivière. Le soleil était déjà levé, lorsqu'il s'éveilla tout en sursaut croyant entendre à ses oreilles une voix bien connue qui l'appelait : aussitôt que ses yeux furent ouverts, il aperçut, en effet, une amie intime de Janille, la Quorate de Pignerox, qui l'examinait avec anxiété.

— Que tu m'as fait peur, bouscassié, dit-elle; ah! foi de moi! piètre et terreux comme te voilà, je t'ai cru mort dans ma vigne.

— Je voudrais bien l'être; oh! mon Dieu! Quorate, si tu savais...

— Pour voir, parle.

Il ne se fit pas prier et raconta ce qui s'était passé, tous ses chagrins.

— Sois sage. Reste là, dit la Quorate après avoir attentivement écouté la confidence; attends-moi, je reviens sur le coup.

Elle descendit trottant menu vers la rivière, et Guillaume, se soulevant au-dessus des souches, la vit entrer chez le passeur : elle en ressortit presqu'aussitôt et remonta le coteau, tout essoufflée.

— Eh bien, que dit-elle?

— Un moment, laisse-moi respirer un peu, bouscassié, je t'en prie.

— Ah ! méchante Marion.

— Oui, je sais que ce n'est pas pour moi que tu lèches mes mains... Or, donc voici la chose : Elle, Janille, n'aime et ne veut aimer que toi. Tu la verras bien sûr avec son oncle au prochain marché de La Française. Elle te conseille de ne pas trop te montrer aux environs de Sainte-Livrade et d'avoir un peu de patience jusqu'au jour du marché. « Qu'il ne se désole pas, je l'aime de tout mon cœur et je vais mieux, tout s'arrangera, je l'espère, » m'a-t-elle dit comme je la quittais. Voilà ! C'est tout. Es-tu content ? Suis-je méchante ?

— Après elle, Quorate, je te le dis comme je le pense, tu es bien la plus jolie et la plus aimable fleur de la contrée.

— Écoute encore, étourdi, monte à travers ma vigne jusqu'à la cime du coteau, puis ensuite, regarde de ce côté-ci, fit-elle en désignant une des fenêtres de la maison de Rouma.

Comprenant à merveille, Inot eut bien vite escaladé

la rampe ; Janille, à sa croisée, agitait un mouchoir blanc. Il la voyait très-bien ; elle était un peu pâle, la pauvre petite mignonne, et paraissait avoir bien perdu. Du bout des doigts, elle lui envoya deux baisers ; il les lui rendit au double, et, plaçant sa veste, qu'il avait dépouillée, au bout d'une longue branche d'arbre, il la secoua jusqu'à ce que la croisée eût été refermée. Alors, il revint chez lui, la jambe alerte et la joie au cœur : « On ne l'avait pas oublié. Janille l'aimait toujours autant. Il le savait bien, pardi ! Patience ! Le jour du marché serait bientôt venu. Les affaires s'arrangeraient. Il touchait à la fin de ses misères. » Et ce disant, il dansait de joie. En arrivant à la Crête-des-Chênes, il rayonnait. Plus de tristesse, au diable les soucis ! il but, mangea, travailla, dormit ; la nature n'avait pas cessé d'être belle, et le soleil n'avait jamais été si luisant.

Le mercredi, jour du marché, se fit bien attendre un peu, mais il vint tout de même à la longue. Parti de la forêt au chant de l'alouette, Inot entrait à La Française avant que les paysans d'alentour et les marchands forains, gent matinale s'il en est, y fussent arrivés. En quelques minutes, il eut parcouru la ville. Assuré que Janille ne s'y trouvait pas encore, il alla s'asseoir en face du portail de l'église, au bord de l'Esplanade; il verrait très-bien de là le langoyeur et sa nièce gravir la côte. Au bout de plusieurs grosses heures d'attente, et comme il commençait à s'impatienter, il aperçut enfin Fonsagrives qui venait seul. Tout seul! la chose était bien étonnante! Où donc était Janille? Marchait-elle derrière son oncle avec des femmes du pays? Oui, c'était probable. Elle allait paraître au tournant de la montée. Il la voyait, il l'entendait presque. Encore un petit moment, elle serait là… Mais non, elle ne se montrait pas du tout. La foule — animaux et chrétiens — arrivait à la file, de tous côtés, tout le monde arrrivait, tout le monde, hormis Janille.

« Est-ce qu'elle ne viendrait pas? Oh! que si, certes elle viendrait. Après tout, il n'était pas encore tard;

à peine midi. Raisonnablement elle ne pouvait pas encore être rendue : il y a loin de Sainte-Livrade à La Française. »

Ainsi se désolant et se consolant tour à tour, Inot s'aveuglait à regarder les gens qui se faisaient de plus en plus rares au long de la montée, et cependant le temps passait. L'horloge de la commune sonnait les heures d'abord si lentes et qui galopaient à présent. Midi, personne ; une heure, rien.

« Pour le coup, c'était fini : Janille, hélas! ne viendrait pas. »

Ahuri, troublé, ne sachant que faire, Inot se mit à courir au hasard, devant lui. Le cœur lui battait fort. Il était si pâle et si hagard que les gens du pays assemblés sur la Place de la Volaille se retournaient pour le suivre des yeux et se le montraient au doigt. On savait toute son histoire. Les mots allaient, allaient, emportant la peau. Que de venin! Chacun disait la sienne.

En somme, on était d'accord :

« La jeune Roumanenque était une sotte idéale et travaillée du diable, elle avait refusé, sans y regarder à deux fois, bien des laboureurs cossus aux poches pleines de papier ayant cours et de pistoles ; elle leur préférait un pauvre misérable marche-sans-sabots qui ne gagnait pas seulement de quoi manger deux onces de viande une fois l'an. Heureusement pour la poulette, sa mère y voyait clair et chantait un autre refrain. Elle avait coupé crête, ailes, éperons et sifflet au coq ; elle avait tranquillement congédié le bouscassié. Bref, cette alliance, qu'on avait crue cimentée à chaux et à sable, était démolie. Fonsagrives le langoyeur avait dit au dernier marché de Cazes-Mondenard, et ce en présence de plus de deux cents témoins, que c'était une affaire finie, bien finie, tout à fait finie, et que jamais on n'entendrait sa nièce et le bouscassié dire oui devant M. le maire ni devant M. le curé. D'ailleurs, Inot qui était tombé au sort n'avait pas longtemps à rester au pays : droit comme un arbre et solide comme un roc, ayant tous ses membres en règle, la bouche bien garnie et capable de mâcher la cartouche, un estomac de fer, il serait reconnu propre au service et vite envoyé sous les drapeaux. Il partirait, c'était sûr, avant les prochaines flammes de la Saint-Jean. A la longue, Janille finirait bien par se consoler du départ de son galant; elle était trop drue pour jamais manquer de partis: elle n'avait qu'à lever le doigt pour se faire épouser. Plus d'un particulier possédant prés au fond des combes et vignes sur les *pechs*, des terres de première qualité, libres et franches d'hypothèques, des boisseaux de piécettes jaunes et de bon poids, la guignaient de l'œil et ne demandaient pas mieux que de se rendre avec elle par-devant le notaire pour y passer l'acte des fiançailles. Il faudrait bien qu'elle se décidât à se marier un jour ou l'autre. Elle se marierait, la fine goujate! plutôt deux fois qu'une, pardi bien! et jamais, jamais plus, à La Française ni ailleurs dans la contrée, il ne serait question du bouscassié de la Crête-des-Chênes, destiné probablement à ne jamais revenir de l'armée et à y quitter ses os, le vautpas-cher! enfant de quelqu'une et non pas de quelqu'un. »

Allant à droite, à gauche, en avant, en arrière, ici, là, partout, Inot, borgne de chaque œil et sourd des deux oreilles, errait comme une âme en peine à travers ces discours et gesticulait et se parlait à lui-même, tout haut, sans en avoir conscience. On le suivait des yeux, on se le désignait du doigt, il n'était question que de lui, rien que de lui.

— Voyez, gens, disait-on, voyez-le, il a perdu la carte; il ne fait que broncher.

Il trébuchait, en effet, à chaque pas et regardait le monde à la façon d'un homme abasourdi tombé d'on ne sait d'où.

Vraiment, il faisait pitié.

Comme, pour la centième fois peut-être, il longeait la grand'rue, il se trouva tout d'un coup nez à nez avec la Quorate, qui « le cherchait partout, ayant bien des choses à lui dire entre quatre yeux et tout bas dans une oreille. »

— Quorate ! s'écria-t-il en élevant les mains, à ta mine je vois et je sens que tu vas m'apprendre un gros-gros malheur !

— Innocent, tais-toi donc.

Elle parvint à le calmer en lui jurant que Janille se portait aussi bien que possible et l'aimait lui, Guillaume, autant que jadis et même de plus en plus chaque jour.

— Mais où est-elle ? répétait-il à tout instant, et pourquoi ne l'ai-je pas encore vue ? Elle devrait être ici depuis longtemps.

— Sa mère l'a empêchée de sortir ; elle n'a pas pu quitter Sainte-Livrade.

A cette nouvelle, Inot eut bras et jambes cassés, et, fort alarmé derechef, il fit bientôt entendre toutes sortes de plaintes.

— Il ne faut pas te désoler comme ça, reprit la Quorate ; les choses, que diable ! ne vont pas de mal en pis. Janille est d'accord avec l'oncle. Il est ici, Fonsagrives : va le trouver, il te recevra bien, très-bien ; il t'aime, il veut le mariage, lui.

— Mais c'est elle, elle que je veux voir. Où, quand la verrai-je, à présent ?

— Ici même, le jour de la Foire des Chiens. Elle y viendra n'importe comment, tu peux, Inot, tout à fait y compter.

— Le jour de la Foire des Chiens ! Que dis-tu, Marion ? Ne pas la voir plus tôt ?... Autant ne plus la voir jamais, alors !

— Mon Dieu ! deux semaines sont cependant si vite passées.

— Quinze jours ! Attendre quinze jours. Écoute, Marion, mon amie, écoute...

— Eh bien ?

— Oh ! Quorate !...

— Ne te tourmente pas, voyons et tâche de ne pas dire trop de sottises.

— Oh ! Tiens ! fit-il exaspéré, je te le jure, Marion, je me coucherai comme un chien dans un coin et n'en bougerai plus.

La Quorate avait beau faire, avait beau dire, il n'avait plus d'espérance, il n'avait plus de courage, il n'irait pas parler au langoyeur... A force de prières et pour obéir au vœu de Janille, il se rendit pourtant. Inquiet et blême, il alla rôder sur la Place aux Cochons. Fonsagrives, facilement reconnaissable à son chapeau rouge qui lui servait d'enseigne, pratiquait joyeusement : habit bas et manches de chemise retroussées jusqu'au coude, il terrassait, à l'aide d'un bâton de houx, porcs, truies, gorets et verrats aborigènes et exotiques ; ensuite, il examinait si la langue ou les yeux ou le groin de ces animaux, que, avant de conclure marché, les propriétaires et trafiquants de bestiaux avaient soumis selon le rite à son décisif arbitrage, ne recélaient point de stigmates de ladrerie ou la preuve de tous autres vices compris dans les cas rédhibitoires. On faisait le cercle autour de lui. Ses saillies avaient du succès. Emphatique et goguenard, il opérait et pérorait.

— Hé ! langoyeur ? fit Inot ; ohé !

Fonsagrives, qui l'avait bien vu venir à travers bêtes et gens, se retourna d'une seule pièce et s'écria tout à coup comme un homme que l'étonnement renverse, et saisi de pitié :

— Bah ! Vraiment, c'est toi ! Quelle triste figure tu fais, garçon. Ah ! ça, mais que se passe-t-il ? Es-tu malade ? On dirait que tu vas tomber. Qu'est-ce donc ? Approche, parle. Qu'est-ce que tu as, bouscassié ? Tu ressembles au chevalier Jean de la Désolation et tu peines comme lui. Le diable soit ! Tu me troubles tellement avec ton menton pointu long d'une aune, que je suis tout à fait sens dessus dessous et que je vois, les Anges me bercent et les Saintes me grattent ! la lune, cette garce de lune en plein midi. Parle, voyons ? Veux-tu que je quitte la besogne ? As-tu besoin de moi ? Dis tout de suite. Que te faut-il ? Du courage ? En voici. Mon sang ? On peut s'ouvrir la veine pour t'être agréable. Allons dégrafe les dents et remue la langue, s'il te plaît. Que puis-je pour toi ? Que veux-tu ? Que te faut-il ?

A cette multiplicité de questions, à ce torrent de mots exhalés tout d'une haleine, Inot ne sut d'abord que répondre et resta longtemps bouche béante; enfin, harcelé sans relâche, il osa s'expliquer nettement. En trois mots, il eut dit. Alors, le langoyeur prit un air lamentable, leva les bras au ciel et jura par les trois Dieux, — le Père, le Fils et la Colombe, — que si les choses ne dépendaient que de lui, elles seraient bientôt arrangées. Il serait content, lui, Fonsagrives, de mener à bonne fin un mariage préparé par feu son beau-frère le pauvre Rouma; il était prêt à tirer les écus du sac pour acheter un homme à Guillaume et faire en même temps plaisir à Janille; il était prêt à faire tout et même davantage; il n'exigeait, lui, le bon langoyeur, avant de se mettre en train, qu'une chose, une simple petite chose : le consentement de la Roumanenque! « Car, après tout, dit-il en manière de péroraison, ma sœur est la mère de sa fille, et moi je ne suis que l'oncle de ma nièce! »

A défaut d'autre, Inot dut se contenter de cette

unique raison que Fonsagrives, expansif au possible, appuya de force embrassades et répéta, sans se lasser, à bouche que veux-tu, jusqu'au moment qu'ils se quittèrent au plus épais de la foule qui les épiait, en ouvrant tous ses yeux.

En définitive, il avait beaucoup parlé, mais au fait, qu'avait-il dit, l'oncle ? et comment démêler à travers son verbiage une intention bonne et qui fût arrêtée tant soit peu ? Coûte que coûte, il fallait attendre qu'il s'expliquât clairement. Attendre ! et justement c'était là le difficile : ne pas voir Janille avant la Foire des Chiens ! Que faire, que devenir jusque-là ?... La solitude qu'Inot avait autrefois tant aimée et tant recherchée lui était maintenant insupportable. Il appréhendait de se trouver seul, en forêt. Au milieu du silence, il s'écoutait trop, il s'entendait trop, et les choses qu'il se disait sans cesse lui faisaient peur et le tuaient. En ce moment, il préférait aller vivre partout ailleurs qu'à la Crête-des-Chênes, mais de quel côté tirer ? Où se rendre, où ?...

Fort perplexe, il se rappela par hasard que Janty Baboulêne, le cantonnier de Saint-Guillaume le Tambourineur, lui avait dit qu'à Moissac on avait besoin de journaliers jeunes et solides et qui sussent nager; il s'agissait du dérochement d'une digue sur l'emplacement de laquelle on se proposait de jeter les piles d'un pont.

« Le bruit de la digue, pensa-t-il, m'empêchera probablement de faire attention à celui qui se passe dans ma tête, et, par ainsi, je serai peut-être moins malheureux. »

Et, ce disant, au lieu de prendre la voie qui l'eût conduit au pied de la forêt, il suivit la grande route royale jusqu'à Moissac. Il était nuit, lorsqu'il entra chez la « Mère des Compagnons tailleurs de pierre, » où il coucha. Le lendemain, à l'aube, il se rendit au chantier, sur le Tarn. « — Inot, ancien bouvier-nageur à Sainte-Livrade » : il n'eut qu'à se nommer au surveillant des travaux, il fut embauché sur-le-champ et se mit tout de suite à l'œuvre. Apre besogne que la sienne. Il avait à desceller, à concasser sous trente pieds d'eau les assises de la digue et devait ensuite en apporter à force de bras les fragments dans une cuvette en fer qu'aussitôt emplie, un cric soulevait hors de la rivière.

Obéissant, infatigable, il travaillait comme quatre et semblait ne pas connaître le danger : aussi le chargeat-on de certaines opérations très-périlleuses et très-difficiles devant lesquelles avaient reculé les hommes les plus rudes du pays; il les accomplit à souhait, tranquillement. Une chose étonnait surtout les autres ouvriers : comment s'y prenait-il pour rester si longtemps sous l'eau, sans respirer? Avait-il un secret pour cela?

— Tirons les câbles, disaient-ils parfois, hissons-le; il doit être étouffé.

Les cordes étaient amenées, qui lui ceignaient les reins; il émergeait, triste et calme, et disait, interrogeant tous ceux qui se trouvaient autour de lui :

— Pourquoi me déranger ainsi, gens ? Et pourquoi me remonter à l'air avant que je vous en avertisse par les signaux convenus ?

A d'autres moments, au contraire, il sortait spontanément du fond du Tarn, s'asseyait effaré sur les charpentes de l'échafaudage, et comme frappé d'épouvante, écoutait clapoter le courant. Il n'en fallut pas davantage, cela suffit pour qu'on lui trouvât l'esprit de travers, et même quelque chose de fatal dans le regard.

« Qui sait ? il a peut-être commerce avec le Diable, murmuraient les journaliers, il ne mange rien, il ne boit pas ; à l'auberge on l'entend soupirer toute la nuit ; il ne dort jamais et crèverait pourtant à la peine le plus vaillant et le plus fort d'entre nous ; il y a là quelque chose de plus ou de moins ! Et puis il se lève et va courir quand il n'y a pas de lune ! Où va-t-il errer ainsi, la nuit ? Où va-t-il ? »

On ne se trompait pas absolument, il ne dormait pas et vagabondait souvent, lorsqu'il faisait noir. C'était bien lui qu'un roulier avait rencontré deux fois, à minuit, près de la Cappelette, au centre du carrefour des Nonnettes, à cinq lieues de Moissac et tout au bout de la côte de Saint-Guillaume le Tambourineur; c'était lui, certainement, encore lui qu'un pêcheur avait vu, bien avant le lever du soleil, debout sur une roche et non loin des ruines du moustier de Sainte-Livrade... Oh! oh! qui sait? il fréquentait peut-être les sorciers et les loups-garous, et peut-être n'avait-on pas tort de se signer quand le matin, il entrait au chantier, les yeux rouges, mal peigné, tout terreux et piètre comme la mort.

« Attention! Ne frayons pas avec lui, disaient les plus superstitieux ; si, par hasard, il touchait du petit doigt de sa main gauche les paumes de nos mains, ça nous porterait malheur un jour ou l'autre, à coup sûr : il est maudit. »

Une fois entrée dans la tête de la plupart des hommes employés aux travaux de la digue, cette idée y grandit très vite, et ceux-là qui passaient pour ne croire ni à Dieu ni à diable, allaient en arriver bientôt eux-mêmes à la prôner à l'envi ; pour quel motif ? le voici :

Le dimanche qui suivit son admission au chantier, Inot, avec quelques autres plongeurs de rivière, se leva de très-grand matin et partit, en leur société, pour Montauban, afin de s'y procurer un objet de grosse quincaillerie, lequel, absolument indispensable à la besogne commune, était tout à fait introuvable à Moissac. Arrivés entre neuf et dix heures de la matinée au faubourg de Ville-Nouvelle, on prit une *aillade* au *Cheval gris*, et, le ventre plein, on alla tous ensemble au quincaillier. Emplettes faites, on visita les places et les églises nombreuses, on parcourut toutes les rues de la riante capitale du Bas-Quercy, puis ensuite on repartit, chacun ayant sa besace au dos et son pal de cornouiller à la main. Au moment de sortir de la ville et comme on passait devant le bureau de l'octroi, quelqu'un de la compagnie ayant proposé de traverser le *Cours*, on franchit le fossé qui le sépare de la route royale et l'on marcha dans l'herbe, sous les vieux arbres moussus des quinconces, jusqu'à la pointe occidentale de la grande promenade urbaine et là, causant et raillant, on s'assit sur un parapet de briques et l'on regarda couler à cent pieds au-dessous de soi la rivière, ondoyante et bruyante, entre les deux superbes moulins rivaux si renommés, celui des Albarèdes et celui de Ville-Bourbon.

Il faisait très-beau. L'on était au commencement d'avril et le soleil éclatait comme en juin.

Assise à l'embouchure du Tescou, sur les bords du Tarn qui la coupe en deux, la ville, avec son pont hardiment maçonné, ses clochers joyeux emplis de carillons, ses maisons en brique cuite d'un beau rouge exposées au soleil, celles du faubourg toulousain baignant dans l'eau, son coquet Hôtel-de-Ville à pavillons, ses quais où règnent encore des vestiges des remparts que rasa Richelieu, son île étroite et charmante, écrasée à demi sous le poids de grands peupliers toujours verts et minée d'un côté par les eaux, la ville, au-dessous des coteaux ondulés du Fau qui lui font un fond d'ombre douce et de verdure, la bonne Ville et Cité Montalbanaise, autrefois Montauriol, sommeillait en pleine lumière sous ses cieux cléments et magnifiques, et le ciel avait, ce jour-là, le bleu pur des ciels de l'Italie.

— Aimable et belle ville bien plaisante ! dit Inot qui, quoique ravi d'admiration, pensait à Janille et eût voulu la voir profiter du coup d'œil ; il y a du monde et du soleil partout.

En effet, à droite, à gauche, en maints endroits, sur les deux berges du Tarn et notamment sur celle que le Cours surplombe et couronne, on ne voyait que promeneurs de l'un et de l'autre sexe, endimanchés : ouvriers, ouvrières des faubourgs, militaires et bonnes d'enfant, bourgeois avec leurs femmes. Au bas du plateau, vers les Albarèdes, surtout au lieu dit de La Fontaine-des-Folles, où les gens du peuple ont coutume d'aller boire bouteille et d'aller se divertir, dimanches et fêtes, il y avait foule, et, parmi les rumeurs qui sans cesse en sortaient, on distinguait de temps à autre un grand bruit de voix d'hommes et les aboiements enroués et furieux d'une troupe de chiens.

— On se bat peut-être là-bas; si nous allions y voir?

— Allons-y.

Guillaume eut beau dire qu'il se faisait tard et qu'on avait un bon bout de *ruban* à suivre pour arriver à Moissac, on ne voulut aucunement l'entendre et l'on fit même mieux : on l'entraîna. Tandis qu'on approchait d'une basse hôtellerie en plein vent où le monde abondait plus que partout ailleurs, la clameur allait sans cesse grandissant et l'on se trouva bientôt au milieu d'une bande d'individus qui se disputaient en se mettant réciproquement le poing sous le menton et les yeux vis-à-vis. Hideux la plupart, quelques-uns en guenilles, ils tenaient tous en laisse d'énormes dogues écumants, saignant de la mâchoire, les yeux hors de l'orbite et le corps scarifié de coups d'ongles et de coups de crocs.

— Eh! donc, amis, quels sont ces chevaliers qui s'amusent à faire battre entre elles ces bêtes à moitié folles de colère et toutes décousues ?

— Ce sont les bouchers de la ville et les équarrisseurs.

— Allons-nous-en d'ici, croyez-moi.

Mais, loin de se rendre à l'avis d'Inot qui leur conseillait toujours de ne point s'arrêter là, ses compagnons se faufilèrent au plus épais de cette sorte de monde, où, tapageant et sacrant, erraient quelques soldats de la garnison, en goguette, et trois ou quatre hercules forains en maillots couleur de chair, sous pantalon et blouse d'ouvrier. Épanoui, glorieux comme un évêque, et taillé en colosse, un de ces derniers éleva subitement sa voix aussi rauque que celle des dogues, et dit, interpellant un grand diable à face odieuse, lequel, sentant le relent et la boisson, lavait au revers d'un fossé son chien hurlant tout meurtri :

— *Caillet* (équarrisseur), si tu voulais prêter le local

que tu surveilles, on pourrait rire et gagner quelques liards ; il y a des *coui-coui* tout préparés, ici ; moi, je les ai apportés, ils sont là.

Ce disant, l'hercule indiquait un vaste baraquement à toit de dosses, à l'intérieur duquel on voyait, remisés derrière la porte grande ouverte, un paquet de planches de sapin et des chevrons.

Sans lever la tête, l'autre grommela.

— Part à deux, oui ; sinon, non.

— A deux, soit.

— En ce cas, c'est convenu, je le veux ; allons-y d'aplomb et tout de suite.

Ils disparurent ensemble dans l'ombre de la grande remise, et lorsqu'après un assez long moment, ils en ressortirent tous les deux, on les vit l'un et l'autre agiter un paquet d'étoupes enflammées et crier à pleins poumons :

— Ohé ! là-bas ! Ohé ! margoulins, arrivez, arrivez donc ici !

Sans doute, on savait très-bien à quel spectacle

ces gens-là conviaient la foule, car beaucoup de personnes s'en allèrent en murmurant : « Tas de cochons ! » et d'autres, au contraire, accoururent, très-empressés, à l'appel de l'hercule et payèrent à la porte les deux sous d'entrée exigés par lui.

— Viens donc, Inot, entrons là, lui dirent ses camarades du chantier.

— Allez voir, vous autres, moi je reste ici. Vous me direz, en sortant, si c'était joli. Pour moi, je pense que rien de bon ne peut venir de ce gros sauteur ventru à tête d'oiseau et dont chaque jambe pèse au moins un quintal.

Les plongeurs de rivière entrèrent à la queue leu-leu dans la baraque.

Huit ou dix minutes après qu'ils y furent entrés, il s'en échappa de petits gémissements si bizarres et si plaintifs, entremêlés d'aboiements si féroces et d'éclats de rire si barbares que Guillaume, allant au dehors de long en large, en songeant à ses amours, s'étant arrêté sur place, se dit ému :

— Qu'est-ce qui se passe donc là-dedans ? On dirait, par ma foi, que quelqu'un y pleure et demande du secours !

Et, malgré soi, les singuliers petits *coui-coui-coui*, se faisant à chaque seconde de plus en plus lamentables et déchirants, il alla jeter un coup d'œil dans la baraque, à travers les interstices des planches de la charpente.

— Oh ! ces bourreaux, s'écria-t-il presque aussitôt en se rejetant tout frémissant et tout blême en arrière, ces sacripants, ces bourreaux !

Il venait, en effet, de voir une chose horrible, trop souvent pratiquée en Quercy et dans certains autres pays du Languedoc, où, généralement, on se délecte à l'aspect et à l'odeur du sang.

Enduits de térébenthine à laquelle on avait mis le feu, chacun d'eux ayant ses quatre petites pattes clouées sur deux planchettes de bois blanc entre-croisées, six ou sept pauvres rats brûlaient tout vifs, entourés de boule-dogues qui montraient à chaque instant les crocs de leurs ignobles gueules camuses, et c'était pitié que de voir les crucifiés se tuant à dégager leurs membres sanglants, agoniser dans les flammes et craindre encore, au milieu de leur atroce agonie, un coup de dent que les chiens, en dépit des profondes brûlures qu'ils s'étaient déjà faites aux babines ainsi qu'aux gencives, hasardaient de nouveau, de temps en temps, entre deux bonds. Et la chose arriva !... Le dogue affreux de l'équarrisseur à qui l'hercule avait proposé l'entreprise, habitué depuis longtemps à ce genre d'exercices, sauta de côté sur les malheureuses petites bêtes qu'il *boula* dans la poussière, éteignit adroitement le feu qui les consumait; ensuite..... au lieu de happer sa proie après l'avoir envoyée en l'air à plusieurs reprises, ainsi qu'on s'attendait à le lui voir faire, il s'abattit, assourdissant l'air de ses cris, et se traîna sur le ventre, une des deux pattes de derrière en très-piteux état et les reins à demi brisés.

Inot venait d'apparaître, son pal de cornouiller à la main.

Ecarter les tortionnaires qui donnaient un tel spectacle, élargir le cercle des curieux, se jeter sur les autres dogues aboyant avec furie et piétiner sur leurs corps, enfin, donner le coup de grâce aux martyrs à peu près calcinés sur leur croix : une seconde lui suffit pour faire tout cela.

D'abord personne ne bougea, mais le premier étonnement passé, chacun de ceux qui se trouvaient là, regarda son voisin, et bientôt tout le monde se mit à crier d'un seul jet, en menaçant l'intrus debout et les bras croisés au milieu de la baraque :

— A la porte ! le paysan ! A la porte !

Immense et lourd, l'hercule, alors, étendit ses énormes mains aux larges doigts spatulés, et par ce simple mouvement, ayant arrêté tous les cris et toutes les menaces, il gronda sourdement dans ses crins de bête brute et puis, ensuite, avec un sourire féroce :

— On se charge de ça, dit-il ; hop ! qu'on se recule et me laisse travailler.

Ayant dit, il retroussa les manches de sa blouse, et

ses bras monstrueux et velus, avec des veines et des tendons roides comme des cordes, se montrèrent à tous les regards.

Inot, les yeux emplis de commisération, examinait, en ce moment même, si les suppliciés étaient bien morts et ne souffraient plus. Sentant tout à coup un poids écrasant s'appesantir sur ses épaules, il releva la tête, et dans la fumée et dans la poussière condensées au-dessus, bien au-dessus de son front, il aperçut la face empourprée, orgueilleuse et bête de l'hercule forain.

— Eh bien! dit-il, l'homme! Que te faut-il? Que me veux-tu?

L'hercule répondit :

— Te fouetter le cuir ainsi qu'aux *drôles*; allons, quitte tes culottes.

— Insolent!

On rit d'abord à gorge déployée ; ensuite on redevint sérieux en voyant le poing colossal et carré du géant se balancer dans l'espace et prêt à broyer le crâne de Guillaume, pris au collet; on regardait en silence et tout à coup on fit :

« Ah! mon Dieu! »

L'hercule, ayant reçu deux coups de tête successifs au creux de l'estomac, gisait sans connaissance et comme une masse inerte à terre, étendu de tout son long sur le dogue estropié de l'équarrisseur, et c'était lui, l'hercule, lui qui voulait fouetter Inot, qu'Inot fouettait à tour de bras.

En vérité, c'était beau, cela, très-beau.

Malheureusement, cette affaire, qui plut à quelques-uns, déplut au plus grand nombre. Equarrisseurs et bouchers suivis de leurs chiens, se ruèrent tous ensemble sur « le paysan. » Un contre trente! En vérité, que pouvait-il faire, Inot? Tout d'abord, il se contenta de ne pas se laisser saisir, évitant les morsures des bêtes et les poings des hommes, et ne ripostant pas. Souple comme pas un et d'une adresse prodigieuse, il fit vingt fois le tour de la baraque, se glissant entre les crocs des uns et passant sous les mains des autres, et l'on eût même dit que de tout cela, il se faisait un jeu. Mais, subitement, il changea de manières et se battit pour de bon. On l'avait poussé, froissé, blessé traîtreusement par derrière. Il saignait d'une déchirure au cou. Son sang coulait sur sa poitrine et parfois de grosses gouttes rouges lui ricochaient sur la figure et sur les mains; encore, si l'on s'était contenté de déchirer sa peau ! mais on avait mis en pièces sa blouse, ô douleur ! ô colère ! ô rage ! sa belle blouse bleue que Janille avait de ses fines mains adroites soutachée de galons blancs. On allait, pour le coup, lui payer cela. Dès lors, il fut sans quartier. Une vraie bataille commença. Frappant — frappé, il cognait des mains, des pieds et de la tête, le bûcheron, et bondissait en avant, en arrière, ici, là, partout, toujours insaisissable et meurtrier comme une bête des bois. On avait beau lui faire des mines de hyène et de serpent, il n'éprouvait en son âme aucune sorte de terreur. Hommes et dogues, il marquait de sa griffe aussi bien ceux-ci que ceux-là. Souvent acculé dans un coin de la baraque, il se secouait couvert de mains et de gueules et les mains et les gueules semblaient aussitôt se retirer d'elles-mêmes et lui livrer passage. En un clin d'œil, il eut mis hors de combat une bonne partie de ses adversaires, et ceux qui restaient encore intacts hésitèrent un moment à renouveler la lutte. Une circonstance fortuite leur donna du renfort et les envenima de nouveau. Dans la mêlée, un soldat de ligne de la garnison, ayant reçu d'Inot qui ne les lui destinait point, deux ou trois coups qui lui crevèrent son shako, dégaina. Son glaive et lui disparurent à l'instant, escamotés. Ami du fantassin, un dragon voulut, lui, faire usage de sa latte : accroché par la crinière de son casque, que les jugulaires passées sous son menton retenaient, il fut traîné désarmé dans la poussière, et puis, à son tour, envoyé par-dessus les têtes ambiantes sur un monceau de planches, où, traqué de trop près, Inot enfin se réfugia. Voyant que deux de leurs camarades avaient été abîmés par le paysan, huit ou dix autres militaires, hussards, lanciers et chasseurs de Vincennes, au lieu de continuer à se borner au rôle de témoins, se mirent de la partie, et faisant cause commune avec les bouchers, ils s'élancèrent avec eux, pêle-mêle, sur les charpentes branlantes qui s'entr'ouvrirent à l'improviste, engloutissant une dizaine d'hommes. Assailli de toutes parts, Inot, à la fin, était en grand péril. On le cernait, on le touchait, toutes les mains s'allongeaient vers lui, crochues et cruelles ; il allait être pris, on le tenait... Tout à coup, il se rejeta d'un grand élan en arrière, et cette fois encore, il parvint à se délivrer. Rapide comme la pensée qu'il venait d'avoir, il atteignit en trois sauts le fond de la baraque, et tous ceux qui le croyant aux abois s'étaient jetés à ses trousses, rétrogradèrent intimidés : il avait entre les mains un soliveau de chêne noir que pas un d'entr'eux n'eût peut-être pu soulever, et ce soliveau dansait et voltigeait dans ses doigts. Tant d'adresse et tant de force chez cet homme de taille moyenne et presque grêle, avaient singulièrement refroidi la fureur des plus acharnés, et ce fut vraiment de la peur qu'on éprouva, quand on vit Inot, échevelé, sanglant et le torse nu, sa blouse et sa chemise ayant été toutes les deux mises en lambeaux pendant la bataille, se planter sur le seuil de la porte d'entrée, unique issue du bâtiment, et là, toujours armé de son étrange massue, un de ses pieds sur le flanc de l'hercule encore étourdi, dire très-froidement, à peine essoufflé :

— Malhonnêtes que vous êtes, vous méritez de périr comme ces pauvres ratons que vous avez fait griller sur la Croix. Il faut me payer ma chemise et ma blouse déchirées en trente mille morceaux, autrement, sans ça, personne de vous ne sortira d'ici. Ma chemise, le tisserand de La Lande me la compta trois livres dix sous; il y a cinq sous en plus pour la façon ; quant à ma blouse, elle m'a coûté bien près d'une demi-pistole à la dernière foire de Moncuq..... Allons, payez-moi, bandits, il le faut.

On se regarda de toutes parts avec effarement et puis... on paya sou à sou.

Payé comme il avait voulu l'être, Inot tira de sa besace qu'il venait de retrouver à ses pieds, une veste de cadis dont il se couvrit séance tenante, et, cela fait, il dit à ses compagnons de travail, les plongeurs de rivière, que son action avait, dès le début, paralysés et glacés d'effroi :

— Réveillez-vous, les amis ! En route ! Et pour réparer le temps ici perdu, ouvrons bien le compas; en route !

On le laissa partir avec ses compagnons.

Honteux bientôt, cependant, de leur insigne lâcheté, les bouchers ayant rassemblé leurs dogues, se mirent en toute hâte à sa poursuite et lui jetèrent de loin des cailloux. En entendant ronfler les pierres à leurs oreilles, ses camarades, de peur d'être lapidés, prirent leurs jambes à leur cou et s'enfuirent à travers champs. Seul, il continua de marcher à son pas ordinaire et sans s'inquiéter le moins du monde des projectiles qui pleuvaient sur la voie, autour de lui. Toutefois comme on finit par se mettre un peu trop sur ses talons et qu'on commençait à le lui dire de fort près, il s'abrita sous une haie, à la hauteur de la

Tour de Capoue où la route royale fait un coude, et courut sus aux lâches aussitôt qu'ils apparurent au tournant du chemin. A l'aspect imprévu du « paysan » qui fondait sur eux tête baissée, ils firent tous immédiatement volte-face, et s'étant débandés au plus vite, ils s'éparpillèrent tout penauds, qui d'un côté, qui de l'autre, et ne se montrèrent plus.

Au milieu de la nuit, Inot arriva sain et sauf à Moissac.

Ç'avait été fort bien jusque-là. Mais, le lendemain, quand, au chantier, on apprit de la bouche même des plongeurs de rivière ce qui s'était passé dans la ville de Montauban entre l'hercule, les équarrisseurs, les bouchers, les dogues, les soldats d'infanterie et les soldats de cavalerie, d'une part, et le bouscassié, seul, tout seul de l'autre, oh! ce fut, alors, vraiment, que les langues se débridèrent et qu'on en dit. Il n'y eut bientôt personne qui n'avouât que pour s'être tiré de la sorte d'un si mauvais pas, il fallait avoir eu recours au diable ainsi qu'à tout l'enfer. En cette occasion,

Inot avait certainement été assisté par quelque invisible puissance noire, et c'était uniquement grâce à elle, que seul, il avait pu triompher de tant d'ennemis. Et les têtes s'exaltant, on affirmait que le *bouscassiéras* sentait le soufre et la poix à plein nez et que ses prunelles roulaient un feu qui n'était pas de ce bas monde terrestre. « Examinez-le bien, regardez-le, ajoutait-on en se montrant avec on ne sait quels gestes comiques d'effroi sa bonne longue figure sauvage un peu morose, un peu meurtrie, aux oreilles droites et presque pointues au sommet, il ressemble trait pour trait à son noir patron, dont Dieu nous garde, à l'affreux Lucifer lui-même, au roi Lucifer aux pieds fourchus, à Lucifer aux cornes de bouc. Il appartient au démon ; il est possédé. »

Tout le monde, à ces propos, fit chorus, et dès lors, les esprits effrayés se montèrent tellement, qu'une huitaine de jours après, une députation d'hommes du chantier se rendit chez le conducteur des travaux, afin de lui signifier, au nom de tous, que le chantier allait être déserté si le « *damné* » devait y rester encore. Il fut répondu à cette sommation impérieuse que le nommé Guillaume Inot, ancien bouvier-nageur à Sainte-Livrade, n'avait été embauché que pour deux semaines seulement, et que son temps de service finissait le lendemain.

Et cela, c'était la vérité pure. On se trouvait à la veille de la foire de La Française.

« Ils étaient écoulés, enfin, ces quinze jours si terribles à passer, se disait à cette heure même Inot tressaillant de joie; ils étaient écoulés, enfin, enfin! Encore vingt-quatre heures, il verrait Janille; encore vingt-quatre heures, il saurait ce que l'oncle avait décidé. Ceci, cela, tout le troublait; il croyait et ne croyait pas au langoyeur. En tout cas, les choses ne pouvaient plus marcher de la sorte; elles allaient à coup sûr changer de gamme et par conséquent faire entendre une autre musique. Avait-il le cœur sur la main, Fonsagrives ? Ouvrirait-il sa bourse ? Oui; quelle joie! Non; alors il faudrait s'y prendre autrement. Mais de quelle manière ? On verrait... n'importe laquelle, la meilleure ou la pire. »

Et malgré la fièvre qui le tenait sans relâche, Inot, sans se douter des transes mortelles dont tous ses camarades du chantier étaient agités, travailla pendant cette dernière journée avec acharnement et ne quitta la besogne que pour se rendre à la paye. Ayant reçu une somme assez ronde et qui lui fit beaucoup de plaisir, il acheta quelques provisions et revint tout joyeux en forêt.

« Encore douze heures, il embrasserait Janille ! » Il ne songeait déjà plus aux tourments passés, il pensait uniquement au bonheur à venir. Et ranimé par l'espérance il écoutait le bruit de ses pieds écrasant les feuilles sèches éparses sous bois et saluait, ému, les arbres amis.

Au moment d'entrer dans sa cabane, il vit quelque chose de blanc luire sur le pas de la porte et le ramassa. C'était un papier large comme la main, carré, soigneusement cacheté, portant le timbre de la poste avec une petite image couleur bleu-de-ciel, une lettre que le facteur rural avait laissée sur le seuil du logis, ainsi que cela se pratique ordinairement en Quercy, lorsque le destinaire est absent de son domicile. Inot, très-empêché, tournait et retournait entre ses doigts l'écrit.

« Tiens ! Était-ce Janille qui lui envoyait des nouvelles ? Non, pas plus que lui-même, Janille ne savait écrire ni lire. Peut-être si pourtant que c'était elle ! Elle avait pu prier quelqu'un de faire la lettre ; elle avait peut-être... elle avait sans doute pensé que Guillaume se la ferait lire. »

Imbu de cette idée, il courut au bord de l'Anet, chez un presseur d'huile qui avait été longtemps à l'école. Heureusement il était chez lui, Zacharid le presseur. Aussitôt qu'il fut mis au courant de ce qu'on venait lui demander, il s'assit sur son pressoir, dont, jadis, à la place d'un vieux cheval aveugle de régiment, mort, la pauvre bête, du *vertigo*, Guillaume avait, pendant quelques jours tourné la meule, ensuite, ayant avivé la mêche de son *kalel* (lampe) tout fumeux, il prit la lettre, la décacheta, la flaira de tous les côtés, et pendant qu'Inot tremblait d'impatience, épela les mots, les lettres, sonna les points et les virgules, et finit par découvrir que le papier n'était autre chose qu'un avis de M. le maire de La Française, enjoignant aux conscrits de la dernière classe et notamment au sieur Guillaume *dit* Inot, natif de Saint-Guillaume Le Tambourineur, demeurant et domicilié à la Crête-des-Chênes, quartier de Lunel, commune et canton de La Française, arrondissement de Montauban, de se trouver, le 20 du présent mois, à deux heures de relevée, au chef-lieu du département de Tarn-et-Garonne, en la préfecture et bonne ville dudit Montauban, pour y passer devant le conseil de révision et ce, conformément à la loi.

« Quoi ! voilà donc, hélas ! ce que portait l'écrit ? Voilà tout ! »

Inot se retira déconcerté.

Le lendemain, entre huit et neuf heures du matin,

il marchait à grands pas sur le chemin de La Française. Allant à hue, allant à dia, il posait dans les ornières pleines d'eau ses pieds chaussés des brodequins des fêtes et dimanches, et tantôt il passait ses mains sur son front qui suait à grosses gouttes et tantôt il s'asseyait au revers des fossés en homme qui n'en peut plus et va rendre l'âme. Ensuite il se relevait tout de go comme un pantin à ressorts, et le voilà reparti les mains jointes et remuant les lèvres ainsi que quelqu'un qui prie Dieu. Les passants qu'il ne voyait pas s'amusaient beaucoup à le voir agir de cette façon et ceux dont il était un peu connu disaient en clignant de l'œil à tous les autres gens : « Ne vous étonnez pas trop de sa conduite, il a le mal d'amour et n'en peut être guéri que par la pucelle de Rouma. » Ces paroles faisaient rire aux éclats les hommes et soupirer discrètement les femmes qui murmuraient en le regardant du coin de l'œil : « Pauvre bouscassié, pécaïré ! pauvre jeune bouscassié ! »

Lui, cependant, ne voyant personne et n'entendant

rien, cheminait toujours tant bien que mal devant lui. Comme il arrivait au pont de la Bosse, il releva la tête enfin, et vit déboucher de la traverse de Lunel une troupe de gars précédés d'un musicien qui jouait du fifre, assis à la manière orientale sur une grande jument gris-pommelé du Perche. Aussitôt, il reconnut Yzède, le musicien boiteux de Saint-Charles Borromée, et derrière lui les conscrits de Paradou, de Xala, de Bondeguy, ceux de Saint-Carnus de l'Ursinade et de Saint-Bartholomée Porte-Glaive et ceux de Lunel, qui s'étaient tous réunis sans doute dans cette dernière paroisse, et se rendaient ensemble à la Foire des Chiens.

— Ohé! criaient-ils en refoulant à bord de route et piétons et cavaliers, ohé! les hommes, ohé! les femmes, place! gare! ohé!

La plupart avaient un air crâne et ne faisaient pas la roue à demi : gaillards, arrogants, le numéro qu'ils avaient tiré de l'oule, attaché sur la poitrine, des plumes de coq au béret, ils s'avançaient en chantant à tue-tête;

d'autres, la tête basse, regardaient d'un œil triste et mouillé les champs du voisinage et les collines d'alentour; un d'entre eux, le plus grand et le plus gai de la bande, agitait, au-dessus de toutes les têtes une longue branche de chêne vert, chargée de glands et de gui, et à laquelle était appendue une sorte de trophée : cela se composait d'une paire de cornes de bœufs, d'un soc et de plusieurs coutres de charrue ; de cinq à six queues de cheval avec une mâchoire d'âne ; de huit ailes d'oies, empennées; autant de caroncules et de rémiges de dindons, et quelques plumes de faucon; ensuite une kyrielle de chardonnerets et de bruants ; non moins d'ablettes et de barbillons ; et, blanche comme le lin, une épaisse toison de bélier, enfin : le tout criblé de rubans écarlates et de grelots. Était-ce un symbole que tout cela ? Que signifiaient ces divers attributs ? On a la langue bien pendue en Quercy, mais on n'y sait pas trop grand'chose.

— Hé ! Bouscassié de la Cresto des Casses (bûcheron de la Crête-des-Chênes) ! fit une voix, il ne te fau pas pâtir de cette manière ; agrafe ton joli chiffre 1 sur l'estomac et viens avec nous. Allons ! arrive vite, camarade.

Inot ne répondit point.

On l'entoura.

Le fifre, juché sur un monceau de gravier, sonna la farandole du pays.

Aussitôt les jambes s'ébranlèrent. On se mit à sauter en tournant et criant autour du bouscassié immobile comme une pierre et morne — échevelé comme un saule.

Il ne se fâcha pas du procédé, sut même en rire et dit, après la danse, aux conscrits, qu'il serait très-content de faire route avec eux. Alors, avec force cris et gestes, on l'emporta. Celui-ci le prit par le cou, celui-là par la main, et tout le monde lui parlant à la fois, il ne savait auquel entendre et se demandait s'il tournait de rouge ou de noir : carreau, cœur, pique ou trèfle. A la fin, il comprit cependant qu'on allait en chœur à la ville demander au médecin quel cas de réforme chacun aurait à faire valoir devant le conseil de révision ; il suffisait de très-peu de chose pour être réformé : des varices, une taie à l'œil, les pieds plats, un fort *tic-et-tac* au cœur, de mauvaises dents, une grosseur, un défaut quelconque.

— Encore si j'en avais un, dit-il en se frappant le front.

— Arrive, arrive ; le médecin te trouvera peut-être une manque... et puis, nous verrons les marchands d'hommes ; ils sont malins ! Oh ! vois-tu ceux-là, quels particuliers ! Ils connaissent la manière de vous rendre un chrétien malade pour huit jours ; ils le rendent tors s'il est droit et presque aveugle s'il y voit trop clair ; ils lui cassent les dents ou lui retournent les orteils, enfin, ils le font refuser par le conseil comme faible d'estomac, alors qu'il se porte tout à fait bien.

— Et comment s'y prennent-ils, ces hommes ?

— Oh ! ça, personne ici ne pourrait te renseigner là-dessus ; c'est leur secret.

— Un secret ! Ils ont un secret ?

— Oui ; pardi.

— Dis-le-moi ?

— Si je le savais, boucassié, mon ami, *raï !* (à la bonne heure).

On avait dépassé la Croix des Fourches, et l'on était au bas de Manleou. Là, les conscrits s'arrêtèrent dans une *borde,* chez un de leurs camarades, qui les avait invités à boire un verre de vin blanc. Pendant qu'ils trinquaient, Inot observait la route. Des gens de Camparnaou, de Froumitz, de Toco l'Ase, de Saint-Amans et de toutes les localités circonvoisines, de la Pointe, de la Mégère, de Saint-Carnus et de Saint-Barthol-Porte-Sabre, passaient en troupes : les hommes à pied, à cheval, conduisant des bestiaux ou des charrettes ; les femmes portant sur la tête des corbeilles ou des mannes garnies de volaille, à chaque bras un panier empli d'œufs ou de fruits.

— Eh ! Pst ! Eh ! Marion ! Marion ! cria-t-il subitement et de toutes ses forces.

A cet appel, la Quorate, qui poussait un troupeau de pintades, se détourna, puis, ayant aperçu Guillaume, elle vint à lui.

— Salut, bouscassié, dit-elle; comment vas-tu, mon ami ?

— Bien... As-tu revu Janille ?

— Oui.

— Quand ?

— Hier.

— Eh bien ?...

— Tu la verras aujourd'hui.

— Vrai ? Bien vrai ?

— Très-vrai.

— Je la verrai... bien sûr au moins, cette fois, dis, bonne Marion ?

— Oh ! bien sûr. Sa mère doit aller aujourd'hui même à Moissac payer la taille. Au cas que cette haïssable vieille prît, comme elle le fait toujours depuis que tu n'es plus là, la clef de l'armoire où sont les effets, j'ai porté l'autre soir un habillement à Janille, mon plus beau. Sans doute, il n'est pas de deuil, mais elle le mettra tout de même, s'il le faut. Les langues diront ce qu'elles voudront... Adieu, mon troupeau me quitte... Ne te fais pas de mauvais sang, bouscassié, tu la verras.

Ayant assez et même trop bu, les conscrits venaient de sortir en tumulte de la borde dans laquelle ils avaient fait halte et se massaient de nouveau autour d'Yzède, le musicien boiteux de Saint-Charles-Borromée :

— En avant! crièrent-ils; en avant!

Inot les suivit, machinal.

Une grosse heure après, il fut tout étonné de se trouver avec la bande entière, à La Française, dans le cabinet du médecin.

— A ton tour, bouscassié; déshabille-toi, dit le docteur Andèbry, dont Inot avait un jour dégagé le cabriolet embourbé jusqu'au moyeu dans une fondrière; ah! pauvre aimable garçon, ajouta t-il en l'examinant de pied en cap, tu es fait au moule, et tu seras, j'en ai bien peur, non pas le plus grand ni le plus beau grenadier, mais, à coup sûr, le plus joli voltigeur de ton régiment.

Ulcéré par ces paroles de très-mauvais augure et pourtant si sympathiques, Inot se r'habilla comme eût fait un automate et rejoignit au dehors ses compagnons de route assemblés sur l'Esplanade et dansant *un branle* au pied du balcon de pierre de la maison du docteur.

— Et maintenant, amis, que la visite est finie, s'écria le porte-drapeau, que l'on me suive, allons boire.

— Où ça, Jean la Flême.

— Aux Trois-Rois, au coin de la Grand'Rue, chez Astaruc le Gascon.

— En route!

— A l'auberge! A l'auberge!

Ivres déjà presque tous, précédés du fifre, applaudis et hués par la foule, ils traversèrent comme un orage la Place de la Commune et s'engouffrèrent dans une hôtellerie ayant pignons sur la grand'rue et terrasse par derrière au-dessus du champ de foire. On s'assit sur la terrasse, vers laquelle montaient les rumeurs du *foirail*, et le rouge et le blanc coulèrent aussitôt à pleins bords. Inot, les coudes appuyés sur la table et la tête dans les mains, n'entendait ni les mugissements des bœufs, au dehors, ni les vociférations des conscrits, au dedans. On lui cria de vider son verre ; il ne bougea point. Un moment après, il trempait ses doigts dans le vin et traçait sur la table des raies et des ronds qu'il regardait sans les voir. Enfin, il but. On lui remplit de nouveau son verre, qu'il vida d'un trait et dix fois de la sorte, sans y songer. Autour de lui, on riait, on chantait, on hurlait, on agitait la flamme des *bruleous* (punchs), on répandait le vin à torrents, on cassait les bouteilles ; le tapage et la clameur avaient beau grandir, il restait obstinément aveugle et sourd et cloué sur son banc. Oppressé, les émanations de l'alcool et la vapeur du tabac le suffoquèrent à la longue ; il voulut se lever, il ne put : la tête lui pesait au moins un quintal. Il ne distinguait plus ni les objets ni les gens qui l'entouraient et croyait voir distinctement, très-distinctement, des personnes et des choses absentes qui s'évanouissaient presque aussi vite qu'elles se montraient, et comme de la fumée. Parfois, il lui semblait qu'il tournait très-rapidement sur lui-même et qu'il roulait au fond d'un précipice : alors, il s'accrochait à tout ce qu'il rencontrait sous ses mains et se redressait en sursaut. De loin en loin, il avait pourtant une idée lucide ; ouvrant de grands yeux et l'oreille allongée, il entendait très-bien alors parler les conscrits, mais ne pouvait nullement retenir leurs paroles.

— Ohé ! bouscassié de mon âme, à ta santé, cria tout à coup un d'entre eux, avale encore cette petite goutte d'eau-de-vie.

Inot tendit de nouveau son verre, qui fut heurté cent fois en un clin d'œil et but à sa propre santé sans avoir la force de riposter une seule parole à celui des buveurs qui, béant et titubant, avait porté le toast.

— Hôtelier, du kirch, du kirch ! »

On apporta la liqueur demandée, et le tumulte grandit encore.

Après avoir bien braillé, cogné longtemps aux tables, vidé maintes bouteilles de vin, et qui en jaugeaient, englouti force liqueurs, maculé les murs et le sol, ri, glapi, beuglé, tapé, lassé leurs poings et leurs poumons, ils se recueillirent à la fin, les conscrits, et s'exprimèrent à voix grave : il était, à présent, question du pays qu'il leur fallait quitter, et que beaucoup d'entre eux ne reverraient peut-être plus, et l'émotion, en parlant de cela, les avait tous gagnés et les tenait aux entrailles. Ceux-ci, terrassés de douleur, les bras ballants et le menton appuyé à la poitrine, regardaient sans cesse au même point et n'avaient pas même l'air de voir ; ceux-là se lamentaient en contant leurs peines ; quelques-uns avalaient leurs larmes, d'autres les laissaient couler au long de leur visage et tomber lourdes sur leur corps ; chacun souffrait, l'expansif comme le taciturne, et tous regrettaient au fond du cœur la terre où, vingt années auparavant, ils étaient nés et qu'ils n'avaient jamais quittée encore et qu'ils allaient abandonner, hélas! peut-être pour toujours. Un d'entre eux, brun et trapu, qui tremblait tout pâle sur sa chaise, se leva tout à coup dans le grand silence, réclama la parole, ôta son béret, étendit la main droite, et pieux :

— Camarades, dit-il, je vais vous chanter une chanson qu'un de nos anciens, qui la tenait de son père, et celui-ci l'avait apprise au berceau, chantait en allant à la guerre, il y a plus de quatre jours : c'était au temps où l'on portait une tresse de poils derrière la tête et des culottes étroites, si courtes qu'elles n'allaient pas aux genoux, pareilles à celles que j'ai vues autrefois à mon grand-oncle maternel, Upou de Penne d'Aveyron, et qui se trouvent à la maison, dans notre armoire. Écoutez, paysans, mes compagnons! écoutez, les amis!

On se serra les uns contre les autres, et chacun ouvrit les oreilles et les yeux. Il allait se passer quelque chose d'extraordinaire, eût-on dit. Tout le monde avait un éclair à l'œil et le frisson à la peau. L'on entendait voler des mouches.

— Allons; à toi, bouvier! fit quelqu'un; on t'écoute, Aîné de Sardijoux.

Étant monté sur une chaise, celui-ci posa la main sur son cœur et chanta :

LE

SOLDAT DU QUERCY

Bonjour, adieu, ma Rosalie,
Écoute, entends mon cœur qui bat;
Bonjour, adieu, ma Rosalie,
Moi, je pars & vais au combat.

Quitter sa maîtresse & sa mère,
Et sa charrue & son ami;
Quitter sa maîtresse & sa mère,
Et son chien qui parle à demi.

Seigneur, ah! c'est, cela, terrible,
Qui vous travaille tout l'esprit;
Seigneur, ah! c'est, cela, terrible,
Qui vous tracasse jour & nuit.

Oh! je t'écrirai de l'armée
Au moins deux ou trois fois par an;
Oh! je t'écrirai de l'armée
Et te dirai tout mon tourment.

Quand je serai dans la bataille,
Pour notre France & pour le Roi;
Quand je serai dans la bataille,
Je penserai toujours à toi.

Va, ne crains pas que dans les villes
Où j'irai coiffé de lauriers;
Va, ne crains pas que dans les villes
Ton amant puisse t'oublier.

Il se peut bien qu'une étrangère
Trouve ton Jean-Pierre à son goût;
Il se peut bien qu'une étrangère
Veuille dormir à mes genoux.

Oh! n'aie pas peur, ma Rosalie,
Qu'il ne se passe rien de laid;
Oh! n'aie pas peur, ma Rosalie,
Restera mon cœur où il est.

Tranquille, file ta quenouille
Près du ruisseau, dans les vallons;
Tranquille, file ta quenouille,
En gardant tes jolis moutons.

Promène-toi dans les bocages,
En tournant ton petit fuseau.
Promène-toi dans les bocages,
Et fais l'amour... avec l'oiseau.

Tu te diras : « *Il est fidèle,*
» *Il faut bien que moi je le sois!* »
Tu te diras : « *Il est fidèle!* »
En essuyant tes cils en soie.

Ne pleure pas, va voir mon père,
Mes frères, sœurs, ma mère aussi;
Ne pleure pas, va voir mon père,
Et dis que je retourne ici.

On meurt quelquefois à la guerre,
Mais pas toujours, heureusement;
On meurt quelquefois à la guerre,
Sans revoir amis ni parents.

Je te promets, ô Rosalie,
De faire tout pour te revoir;
Je te promets, ô Rosalie,
De faire toujours mon devoir.

A cheval, sabre & lance aux griffes,
Je sauterai sur les canons ;
A cheval, sabre & lance aux griffes,
Je me battrai comme un lion.

Et l'on verra, je le suppose,
Ce que je peux sur mes étriers ;
Et l'on verra, je le suppose,
Que je suis un vaillant guerrier.

Cuirasse au dos, couvert du casque,
Et tout criblé, rouge de sang ;
Cuirasse au dos, couvert du casque,
Je faucherai comme un paysan.

Couvert du casque & noir de poudre,
Je faucherai têtes & bras ;
Couvert du casque & noir de poudre,
Je fendrai tout de haut en bas.

Et fi l'Anglais demande grâce,
Je lui dirai : « Rends ton drapeau! »
Sinon, Anglais, aucune grâce,
Et tu vas partir pour là-haut.

Si le mousquet ou la mitraille
Cassaient mes jambes & mes bras;
Si le mousquet & la mitraille
Me faisaient mourir tout là-bas,

Ah! je mourrais, fidèle & brave,
Et l'ennemi, va, le dirait;
Ah! je mourrais, fidèle & brave,
En embrassant ton beau portrait.

Avant d'aller en Purgatoire,
Si je sens qu'il me faut périr;
Avant d'aller en Purgatoire,
Je t'envoie mon dernier soupir.

Puis on me mettra mort en fosse,
Les membres froids, le cœur aussi ;
Puis on me mettra mort en fosse,
Loin de ma belle & du Quercy !

Mère du Fils, vous, la Marie,
Au nom du Père & Saint-Esprit ;
Mère du Fils, vous, la Marie,
Je vous implore au nom du Christ.

O Reine, vierge & pourtant femme,
O mère & sœur du Bon-Dieu roi ;
O Reine, vierge & pourtant femme,
Ayez pitié de moi, soldat.

Exaucez-moi, Madame Blanche,
Exaucez-moi, perle du ciel ;
Exaucez-moi, Madame Blanche,
Protégez-moi du coup mortel.

Et vous, Jésus, né dans l'étable,
Entre la vache & le mulet;
Et vous, Jésus, né dans l'étable,
Mais aujourd'hui dans un palais;

Et vous, Pigeon, sainte Colombe,
Aux ailes d'or, au bec d'argent;
Et vous, Pigeon, sainte Colombe,
Qui conduisez les pauvres gens :

Priez tous deux votre vieux Père,
De m'épargner le fer, le feu;
Priez pour moi votre vieux Père,
En barbe grise, en manteau bleu.

Marie, Joseph & saint Guillaume,
O bon Ramier, ô doux Agneau,
Marie, Joseph & saint Guillaume,
Veillez sur ma chair & mes os.

Et je vivrai pour mon amie,
Et reverrai notre clocher;
Et je vivrai pour mon amie,
Et reviendrai pour l'épouser.

Je reviendrai couvert de gloire,
A ma bergère & vers mes bœufs;
Je reviendrai couvert de gloire,
Avec des fous, des habits neufs.

Ah! je nous vois, chère maîtreſſe,
Cheminant tous deux bras-à-bras;
Ah! je te vois, chère maîtreſſe,
Superbe dans tes falbalas.

Oh!!! fera-t-on dans le village,
En nous voyant tous deux paſſer;
Oui, l'on dira dans le village,
Que le Roi m'a fait Chevalier.

Et moi, je te ferai ma Dame,
Après nous être fait bénir;
Et moi, je te ferai ma Dame,
O pastourelle, avec plaisir.

Hélas! adieu, ma Rosalie,
Écoute, entends mon cœur qui bat;
Porte-toi bien, ma bonne amie,
Moi, je pars & vais au combat.

Il ne chantait plus, le bouvier, qu'on l'écoutait encore. On ne remuait point, on s'entendait respirer. Un sanglot retentit enfin, et ce fut comme un signal; aussitôt des gémissements et des désolations, et des hélas! et des mon Dieu! soulevèrent toutes les poitrines et sortirent de toutes les bouches : un concert de plaintes.

— Amis, il faudra tout quitter! et notre mère et nos amours.

Et l'on s'embrassait fraternellement, on se disait au revoir, on se disait adieu; l'on se pressait les mains avec désespoir, et l'on pleurait avec abondance et l'on gémissait.

— Hélas! nous ne labourerons plus nos terres si grasses et si jolies.

— Sans pareilles au monde.

— Les premières de toutes.

—Nous ne reviendrons peut-être jamais plus au pays.

— Et mon père est si vieux ! Il ne peut plus travailler; il manquera de pain.

— Adieu campagnes, adieu verdure, adieu soleil, adieu Quercy !

— Mes amis, cela, c'est triste.

— Oh! bien triste...

— Du vin! apportez du vin! Amis, buvons et noyons le chagrin.

— Oui, certes, oui.

— Holà, l'aubergiste, apporte ici le meilleur. Amis, buvons à tire-larigot, écoutez mon conseil.

Excellent conseil, hélas! et que l'on suivit sur-le-champ. Pots et cruches de grès, emplis de blanquette, énormes dames-jeannes où moussait le vin rouge de Villemade, furent apportés à l'instant, et l'on but à pleine gorge, et l'on buvait... on aurait bu la mer et ses poissons pour oublier.

Inot, qui n'avait pas encore soufflé, songeait toujours à *Rosalie*. Il se disait qu'il l'avait rencontrée en quelque endroit et qu'il la connaissait très-bien et qu'il l'aimait beaucoup. En son esprit passait et repassait, vague, une image.

— Ah! murmura-t-il comme s'il rêvait, oui, je la connais ; elle ne s'appelle pas Rosalie ! elle porte un autre nom.

Et ne s'étant jamais senti la tête si pesante, il cherchait à rassembler ses idées sans pouvoir aucunement y parvenir. Autour de lui, le vacarme avait recommencé de plus belle : les gobelets de verre et les carreaux de vitre vibraient à l'unisson : un tapage effroyable.

Emplis de tristesse et d'alcool, les conscrits avaient beau pousser de grands éclats de rire qui finissaient en hoquets de souffrance et cris de colère, il restait étranger à tout cela ; sa pensée était ailleurs ou peut-être nulle part. Tout à coup, il dressa l'oreille. Un de ces êtres connus sous le nom de *marchands d'hommes*, et dont un décret de 1856 avait indirectement supprimé l'ignoble industrie qui va revivre, grâce à la nouvelle loi sur l'armée, s'était écrié en toisant un conscrit taillé en hercule :

— Toi, si tu ne veux pas tâter de la gamelle, tu n'as qu'un seul moyen à choisir : te faire sauter un *harpion*, celui qui tire la gâchette. Un forgeron, le diable me brûle ! peut s'estropier sans le vouloir avec son outil ; une, deux, ça y est... On croira que tu ne l'as pas fait exprès, et le gouvernement ne te tracassera pas, une seule minute. Économiser deux sacs de cent pistoles chacun et ne pas aller trimer la galère là-bas, au régiment, au diable ! A ta place !... Un peu de méchante peau de chrétien, qu'est-ce que c'est que ça ? Si j'étais à ta place !... Une, deux, et...

Un geste horrible acheva le sens du discours.

Guillaume avait voulu gagner la table où pérorait le marchand d'hommes, mais un remous de vin lui montant au cerveau, il trébucha, perdit le fil de son idée et retomba sur son banc, en proie à l'un de ces rêves sans tête ni queue que font, tout éveillés, ceux que l'ivresse absorbe. Lorsqu'il recouvra ses sens pour ainsi dire oblitérés, les conscrits, accoudés sur le balustre de la terrasse et penchés en dehors, s'écriaient à qui mieux mieux :

— Oh ! quelle fille !

— L'aimable lumière !

— Incomparable fleur, aussi rose que blanche !

— La perle des campagnes !

— Une étoile d'aube !

— La rose du Quercy !

— Quelle reine !

— Avec ses mitaines, ses rubans et ses pendeloques, elle est ma foi tout à fait aimable !

— On la boirait.

— Tonnerre ! on la mangerait.

— On ferait bien les deux à la fois, Dieu le Vieux me damne !

— Et même on ferait plus.

— Sans se faire prier, encore !

— On te croit, Ignace ; on te croit, animal.

— Elle a des cheveux aussi blonds et plus luisants que les sous en or.

— Pour jolie, elle l'est.

— Jolie et des premières.

— Sans pareille.

— Oui, par l'éclair !

— Hé ! mais..... C'est elle, ohé ! donc, approchez, ohé ! vous autres.

— Que dis-tu donc ainsi, laboureur de Saint-Jordi ?

— Je dis que je la connais.

— Ah bah !

— Certes, oui.

— Parle !

— Hé ! non, je ne me trompe pas, je ne me trompe pas du tout.

— Achève donc.

— Quoiqu'elle ne soit pas habillée de noir, c'est bien elle.

— Qui donc ? animal-bégayeur, qui donc, enfin ?

— Eh ! pardi, la fille du passeur du Tarn.

— La petite du pauvre Rouma ?

— *Celle* du bouscassié ?

— Oui, oui, celle du bouscassié, la *maîtresse* du bouscassié, la jeune et jolie Roumanenque de Sainte-Livrade !

A ces dernières paroles, Inot, réveillé, s'élança sur la galerie.

« Elle ! c'était elle ! »

En deux bonds, il franchit les vingt marches de l'escalier aboutissant au foirail. Il n'avait plus mal à la tête, il était dégrisé.

— Janille, cria-t il avec toute son âme dans la voix, Janille !

— Guillen !

Ils se sautèrent au cou.

Heureux, ils s'embrassèrent si souvent et de si bon cœur que, du haut de la terrasse, les conscrits disaient, moitié goguenards, moitié émus : « On dirait bien deux tourterelles. »

— Enfin, c'est toi, Janille, ma Janille, Janillette, petite menue.

— Oui... je te cherchais. Que faisais-tu là ? Tu vas donc au cabaret, à présent ? Laid ! Oh ! le laid ! Au cabaret ?

— Ils m'y ont amené presque de force, les conscrits ; je t'assure...

— Est-ce que tu veux aller à l'armée avec eux ? dit-elle en souriant.

— Que non pas ! répondit-il.

— Et tu n'iras pas non plus ! Regarde-moi. Tu ne vois pas comme je suis contente ?

— Oh ! si. Tes prunelles brillent comme des étoiles, la mienne.

— Et je suis contente parce que tu ne seras plus malheureux.

— Vrai ?

— Bien vrai.

— Malheureux! oui, je l'ai été beaucoup, Janille, mais je ne pense plus à mes peines, à présent : je te vois, je te touche, je te tiens.

— Eh bien, nigaud! ne pleure plus, puisqu'enfin, notre chagrin est fini.

— Fini !...

— L'oncle est pour nous; il nous soutient, te dis-je, il nous aime.

— En es-tu bien sûre ?

— Oui, sûre.

— Ah! je ne peux pas croire...

— C'est vrai pourtant; il t'achète un homme.

— Il me fait remplacer, l'oncle! Janille, Janille, pourvu que ce soit vrai, cela !

— C'est décidé, tout à fait décidé, l'oncle m'a chargé de te dire d'aller le joindre au bas de la Côte-Neuve, où lui, et moi, nous passerons avant une demi-heure... Au revoir, dans un moment, Guillen. Il me semble que je ne touche pas à terre et que je vole, tant je suis contente.

— Où vas-tu ?... Tu me quittes déjà ?

— L'oncle m'attend au foirail.

— A bientôt, alors, n'est-ce pas, ma petite Janille, à bientôt ?

— Oui, au bas de la côte.

— J'y vais de ce pas, sur le coup; arrivez sans tarder, vous autres.

— Oui, va vite.

Et Janille, s'acheminant vers l'endroit où le langoyeur officiait, traversa le marché des bêtes à cornes qui trépignaient et mugissaient sous l'œil aveuglant du soleil.

« Ohé! lui criaient les bouviers du pays, tu veux donc te faire estropier, Roumanenquette! Attention à mes taureaux de Gascogne, ils n'aiment pas le rouge, et ton mouchoir de cou, ma fille, est écarlate et semble teint de sang; attention! prends garde à toi, jolie Roumanenquette!... »

Mais elle, se faufilant entre une forêt de cornes droites ou courbes où le soleil accrochait des anneaux de lumière, flattait de sa main les grands bœufs ruminant immobiles et patients sous une nuée de mouches et leur parlait, amicale :

« Houp-là! doucement, le roux! allons, serre-toi, le blanc! avance, le noir! disait-elle. »

Arrivée au marché aux chevaux, elle passa comme une ombre derrière les croupes les plus chatouilleuses, et c'était miracle que la voir filer, mignonne, sur la pointe des orteils, au milieu des bêtes qui se cabraient échevelées et souvent hennissaient toutes ensemble dans la poussière et dans le vent.

« Ooou! Là! là! mulette! To, to, to, la grise! I! Martin, Hue! » faisait-elle et les maquignons s'écriaient, émerveillés :

—On jurerait que mes mules d'Espagne connaissent la Petite; elles ne bronchent pas.

— Et mes ânes du Poitou, qui, les bougres, mordraient père et mère, ne Lui disent rien; oh! c'est curieux! c'est un miracle!

— Ah! par exemple! ceci dépasse tout ce qu'on a vu : mes étalons de Limoges ne branlent pas avec Elle et se comportent comme des fillettes; est-ce assez surprenant cela, Saint-Dieu!

Cependant, Elle s'éloignait...

Dès qu'il ne distingua plus dans la cohue le fichu quadrillé de Janille, Inot, lui, longea la place du Marché, prit une ruelle, traversa la halle au blé, passa sous le mai planté en l'honneur du dernier maire du canton, et, coupant en biais la place de la Commune, où d'une part on ne voyait qu'oies grises de Grenade-la-Garonnaise, oies blanches du Lot, et d'autre part, que poules et coqs d'Inde en telle abondance qu'on eût dit la terre recouverte d'une nappe noire semée de larmes rouges, il déboucha devant l'église du bourg sur le parvis de laquelle aboyaient et bourdonnaient, innombrables, attachées à des pieux, les bêtes dont cette fameuse foire annuelle de La Française a tiré son nom de *Foire des chiens.*

Il en était venu de tous les points du Midi : des Pyrénées et de l'Auvergne, de la Gironde et des Cévennes, de la Provence et de la Gascogne ; aussi, y en avait-il de toute race et de toute espèce, de toute taille et de tout poil.

Et d'abord, les chiens de luxe et de ville :

« Havanais, king-Charles, terre-neuve, griffons, moutons, terriers anglais et terriers d'Écosse, dogues, boule-dogues, grands et petits Danois, barbets, caniches, roquets et carlins. »

Ensuite, les chiens de chasse, à courre ou d'arrêt ; au poil et à la plume :

« Couchants, courants ; braques, épagneuls, bassets à jambes torses, lévriers à long poil, lévriers à poil ras, limiers pour menu gibier et d'autres de grosse vénerie ; et parmi ces derniers, des cornauds et des clabauds, des allants et des trouvants, des chiens bute et des chiens d'aguail. »

Enfin, et ceux-là de beaucoup les plus nombreux et les plus remarquables, originaires, tous ou presque tous, du pays ou du Midi, les chiens rustiques et les chiens ouvriers :

« Au premier rang, utiles entre les plus utiles de la campagne, les maigres et tristes *labris* ou *farous* dont la robe noire est pareille à la toison des béliers et qui, pâtres irréprochables, surveillent et conduisent les troupeaux; ensuite, fidèles au maître, les *mâtins* trapus et carrés, animaux de garde qui sont aussi bêtes de trait aimées du petit trafiquant forain, lequel, allant quotidiennement de bourg en bourgade vendre des allumettes ou des aiguilles ou des sucreries ou de la faïence ou de la porcelaine, brûle, assis dans un singulier petit véhicule à deux roues traîné par eux, la politesse aux diligences rencontrées sur les routes ainsi qu'aux voitures privées assez imprudentes pour faire assaut de rapidité; puis, les *chiens de semailles* à la crinière aussi noire que l'ébène, effilés, longs comme des fourmiliers, et qui protégent contre les pigeons, la volaille et les oiseaux mangeurs de grain, les terres où passe le semeur et celles où la semence n'a pas encore germé ; les *vireurs*, semblables à des lynx et que le boulanger de campagne, après leur avoir limé les griffes des pattes de devant, emploie à tourner la roue du blutoir ; les *bartassiés* au pelage indécis, tigré de bigarrures gris de fer, bigles et vairons, dont l'œil noir est morne et farouche, tandis que l'autre de leurs yeux bleu, pers, gris, vert ou roux, brille, limpide et plein d'une tendresse troublante; les *huissiers*, ronds, courts, bas sur pattes, et qui, de mêmes mœurs que le chat, ne suivent point ou suivent très peu leur maître, mais n'abandonnent jamais la maison natale qu'ils habitent; les *sysclaÿres*, aboyant comme le chacal, glabres, ayant l'œil à fleur de tête ainsi que le chien turc, faméliques et chastes, et, qu'en certains endroits, parce qu'ils flairent de très-loin le cadavre, et qu'ils hurlent à la mort, on nomme *cas sanguinencs!* (chiens de sang); épais, ragots, au poil rêche et touffu, le cou tout engoncé dans les épaules, nerveux, rageurs, le plus souvent jaunâtres et la robe tachée de blanc, les *doguins*, que l'on envoie à l'âne, au loup, à l'ours, au taureau, lorsque les maîtres de combat descendus des montagnes pyrénéennes et faisant leur tournée en Quercy, ont planté leur tente au milieu de la place de quelque village; le *chien des Pyrénées*, superbe et royal, avec sa gorge bombée et sa grande queue empanachée de magnifiques crins blancs, ami des enfants et des vieillards, capable d'affronter le lion; et puis encore, parmi des chiens sans caractère, une nuée de métis de toute figure et de toute origine, variétés inconcevables, imprévues, inouïes, impossibles et qui sont; enfin, un animal inquiet et sauvage, à l'œil hostile, aux babines boursouflées sous une muselière de fer, aux oreilles en pointe de couteau, le féroce et fauve *loubar*, enfant du loup et de la chienne, engendré, lorsque les loups manquant de louves, vont, la nuit, affamés d'amour, en quête de femelles, hors des forêts, et s'accouplent, tout pantelants et tout hurlants, à certaines bêtes domestiques de leur famille, en la saison du rut. »

Tranquille au milieu d'un vacarme étourdissant, Inot, en contemplation, admirait tout ce monde d'animaux.

On fouaillait ceux-ci ; l'on cajolait ceux-là. Chasseurs, amateurs, maquignons, bouviers, bergers, citadins et paysans, chacun vantait sa marchandise ou dépréciait celle d'autrui. Beaucoup d'affaires, nul crédit ; tout au comptant. On se faisait payer et l'on payait rubis sur l'ongle. « A tant la bête? » « Oui. » « Non. » Et voilà. Qui parlait d'écus, qui de pistoles ; on poussait à la vente. Un chien des Pyrénées était acheté jusqu'à cinq cents francs et tel grand Terre-Neuve arrivait au sac de mille. A droite, la bête à vingt louis ; à gauche la bête à vingt sous. Et l'on tapageait ; et l'on criait, en français, en gascon, en basque, en catalan : une vraie confusion de langues. Achats sur achats ; échanges sur échanges, avec ou sans remise ; un immense chassé-croisé. Là, toute une meute qui changeait de propriétaire ; ici, quelque chien de berger ou de ferme, dont on se défaisait pour n'avoir pas à nourrir une bouche inutile et, par surcroît, à payer l'impôt. Tirés à hue et fouettés à dia, les chiens de chasse, Uro, Turlo, Flambeau, Noubelou, Cascard, Diane, Azely, Xip, Yz, Zoul, Oï, Rampa, Biru, Pisté, Ramonette ou Tendresse, Haut-la-Caille ou Fend-l'Air, après avoir flairé leurs frères du chenil d'hier, s'en allaient encore assez allègres avec d'autres suiveurs de piste, leurs camarades de demain. Mais, les chiens de berger !... Rugissant, montrant les crocs à l'acquéreur, effarés, haletant, tirant la langue, échevelés, sautant de ci de là, maintenus à grand'peine par la corde assujettie à leur collier, rebelles pour la première fois de leur vie à l'ordre du maître, ils restaient sourds à sa voix, et pour en avoir raison, il fallait les ficeler comme des paquets et les emporter ainsi liés en maison étrangère. Quelques-uns, plus résignés, mais non moins sympathiques, sentant très-bien que toute résistance serait vaine, envisageaient d'un dernier et long regard, avant de s'expatrier, celui qu'ils aimaient tant et qui les avait vendus, et, soupirant, remuant tristement la queue, ils partaient à reculons, la larme à l'œil et l'air navré. D'autres rampaient, implorant leur conducteur et lui léchant les pieds ; d'autres enfin, indociles à ce qu'on exigeait d'eux, s'ingéniaient, sournois, à ronger le frein, et débarrassés, ils s'enfuyaient à toutes jambes et la queue basse vers la chaumière natale, obligeant ainsi leur maître à revenir parfois sur le marché conclu.

« Braves bêtes ! dit Inot tout remué, comme elles aiment leur pays! »

Et, triste, il tourna le dos à ce qui se passait sur le parvis de l'église et descendit à pas lents vers le val. Les filles et les femmes du bourg, qui revenaient de la fontaine publique située à mi-côte ou bien s'y rendaient, tenant de la main droite l'anse de la cruche de grès qu'elles portaient sur la tête, avaient beau passer, souriantes et fraîches comme des roses, à côté de lui, lui, tant il était pensif, ne les voyait point. A mi-côte, s'étant arrêté devant la grille du parc de « Moussu l'Marquis » il regarda, machinal, les cygnes noirs et les cygnes blancs qui, parés et gréés, les ailes enflées comme des voiles au vent et le cou recourbé comme une proue de navire, voguaient dans un large bassin aux margelles de pierre de Sept-Fonds, et puis, il s'éblouit à considérer avec fixité deux paons juchés sur un toit de chalet, l'un blanc d'argent, sommeillant la queue tombante, et l'autre, azuré, faisant la roue et luisant avec les milliers d'yeux de son incomparable panache, autant qu'un rayon de soleil en plein midi.

« Quels oiseaux ! »

Au bruit de sa voix, Inot, très-absorbé, s'éveilla soudain et se mit à courir à toutes jambes; ayant gagné promptement le bas de la côte-neuve, il s'assit au pied d'un orme qui couvre de sa ramure une pierre oblongue où sont inscrites les distances kilométriques, et là, caché par le tronc de l'arbre et la pierre routière, il attendit au passage Janille et le langoyeur. Impatient, il portait de temps en temps les yeux au sommet du plateau merveilleux où, blanche et fière avec ses maisons en briques et son clocher peint à la chaux, la ville cantonale, à cheval sur le dernier piton du dernier rameau de la dernière montagne du Quercy, s'élance et pétille dans l'air salubre, au milieu du soleil, sous un ciel embrasé.

Déjà les populations rurales commençaient à s'ébranler sur l'Esplanade. Les achats étaient faits, les ventes finies ; les rues dégorgaient bêtes et gens qui dévalaient confondus. Il était à peu près six heures du soir ; le soleil rasait la profondeur des vals ; les blés, les seigles, ici jaunissant et là tout verts encore, ondulaient sur les coteaux où les arbres s'enlevaient sur un fond de pourpre aussi nettement que des plaques de métal découpées et percées à jour ; espacés et rares, des amandiers en fleurs oscillaient, neigeuses aigrettes, aux flancs des collines arides du Pays-Haut que le printemps n'avait pas encore faites chevelues. A droite, à gauche, en tous lieux, dans l'étendue apparaissaient, déroulés et tout gris, les rubans entrecroisés des routes, tantôt droites comme des I, suivant en ligne directe les hauteurs couleur d'ocre ou d'outremer, et tantôt s'engageant, après mille zigzags, entre les gorges et sous les bois, en tous sens troués par la lumière. Extraordinaire spectacle et dont hélas! je ne peux rendre la sublime beauté. Là-haut, tout en haut, La Française et les champs du Quercy : mamelons hérissés de forêts, rochers imbriqués bossuant le sol, explosions de soleil et murmures éternels des brises ; en bas, à mille pieds au-dessous, à la base de la montagne que le bourg quercynois couronne, les plaines immenses du Languedoc : terres unies et grasses, et nourries de limon, grandes prairies bordées de peupliers et de saules, vignes rampantes, vastes chanvrières, noirs et rouges sillons fraîchement labourés attendant le maïs; ombrages pleins de fraîcheurs et, sous les frondaisons encore clairsemées, parmi des terrains de toute nuance et formant qui des losanges, qui des carrés, qui des triangles, qui des parallélogrammes, qui des rectangles ou des trapèzes, innombrables casiers d'un échiquier gigantesque, ici, là, partout, à perte de vue, des cabanes, des fermes, des moulins, des hameaux, des villages, des églises avec leurs clochers pointus comme des aiguilles et leurs tours. Au fond de la vallée, enflé des eaux de l'Aveyron et des eaux du Tescou, celles-ci jaunes et bourbeuses, celles-là, candides et vertes, allant ensemble côte-à-côte, mais sans jamais confondre leur double cours au sein de l'onde vive et pure qui les reçoit, tourmenté, musical, houleux, ici rapide comme un torrent et là calme comme un lac, hérissé d'îles et d'îlots, étendu sur un lit de fraîches et molles herbes aquatiques, superbe, animé, s'enroulant et se déroulant, aux ardeurs du couchant, ainsi qu'un reptile interminable et tout en feu : le Tarn. A sa gauche, les rives et les plates campagnes languedociennes éclatantes de lumière et couvertes de verdure; à sa droite, la berge quercynoise, inégale, altière, sourcilleuse, projetée comme un promontoire au-dessus des Basses-Terres et des eaux de la rivière refoulées ensemble dans la plaine sans bornes, et sur cette berge à pic, haute comme une falaise de l'Atlantique, un manoir féodal arborant sa tête chenue où montent la saxifrage et le lierre et laissant voir à travers les larges crevasses longitudinales de ses vieilles murailles grises percées de part en part comme un crible des pans énormes et splendides du ciel du Midi. Plus loin, enfin, à l'extrême horizon, vers l'Espagne, immaculées, colossales et magnifiques au cœur des nuages moutonnants, les croupes innombrables et prodigieuses des Pyrénées.

« Et l'on me condamnerait à ne jamais plus voir cela ! » dit Inot en extase et religieusement accroupi sous l'ormeau.

Cependant, en tumulte, pêle-mêle, piétons et cavaliers, chars-à-bancs et chariots dégringolaient le long des deux côtes, la Vieille et la Neuve, au bas desquelles, le flot des campagnards une fois rompu, les uns suivent à droite les routes et sentiers du Quercy, les autres descendent à gauche les rampes du Tarn, longent ensuite la route enroulée en spirale autour du mont et trônant au-dessus de l'abîme, et puis s'éparpillent enfin dans les chemins de traverse dont est sillonnée la banlieue montalbanaise. Inexprimable branle-bas! Indicible cohue! Ici, des charrettes limonières chargées de lames de fer ou de pierres de taille, de sacs de grain ou de farine, entraînées par de vigoureux et superbes chevaux entiers de Normandie, alezans ou bai-brun, ayant tous ou presque tous des balzanes autour des boulets ainsi qu'au chanfrein; là, de lourds tombereaux, pleins de sable, de marne ou de chaux et cahotant dans les ornières; plus loin, des chars-à-bœufs qui, geignant sous le faix, roulaient indolemment; des jardinières mal assises sur leurs ressorts et dans lesquelles, enfouies parmi des denrées de toute nature et des paquets de toute sorte, tressautaient et s'entrechoquaient de haut en bas des familles rustiques tout entières, y compris l'aïeul et le nourrisson; enfin, venaient des fardiers aux roues démesurées et desquels la chaîne énorme enroulée autour d'un énorme essieu supportait tout le poids d'un hêtre plusieurs fois centenaire ou celui d'un faisceau formidable de chevrons. Allant à fond de train, des tilburys, des cabriolets, des berlingots, des berlines, des voitures urbaines, celles-ci d'une forme antique et celles-là construites selon le goût du jour, passaient comme des flèches entre les charrettes limonières et trouaient les troupeaux. Stridentes et totalement délabrées, une foule de voitures publiques, diligences, coucous, pataches, omnibus, caisses de wagons ajustées sur des roues de messageries, diables, camions presque hors d'usage et dont s'était débarrassée quelque prudente administration de chemins de fer, chars à fourrage et vieux fourgons d'artillerie, on ne sait encore quels singuliers engins servant de moyens de transport, toutes ces voitures dévalaient toutes ensemble avec un bruit inouï de ferraille, affreusement secouées en tous sens par le trot inégal et pénible de leurs maigres haridelles poussives, borgnes, aveugles, arquées, teigneuses, galeuses, édentées, chauves, chassieuses, harassées, fourbues, horribles, sanglantes, expirantes, et les postillons, assis ou debout sur le siége, au-dessous de la bâche où le conducteur, flanqué de son lou-lou jappant avec furie, sonnait de la trompette, achevaient de les tuer à grands coups de manche de fouet, au milieu des rires et des invectives du peuple amusé du spectacle, et qui s'écriait d'une seule voix : « Hue ! les rosses ! En avant ! les rosses ! Ventre à terre et mors aux dents, sacré nom de Dieu ! » Fouettées, harcelées, martyrisées, éperdues, les pauvres bêtes lépreuses roidissaient leur encolure, et, chancelant entre les brancards, finissaient par fournir un petit temps de galop. On entendait alors comme un écroulement de maisons, et les voitures publiques passaient, se perdant dans un nuage opaque de poussière... Après les chars, les cavaliers. Debout sur leurs mules criblées de pompons et de grelots, des meuniers faisaient tourbillonner et bruire les cordes noueuses de leurs fouets qui chantaient des fanfares; enveloppés de leurs immenses limousines, des montagnards lauzertains avaient peine à contenir les indomptables *bardeaux* qu'ils montaient, et c'était étrange que de voir ces bêtes à tête et corps de baudet, ainsi que l'ânesse qui les avait conçues, hennir comme l'étalon qui les avait engendrées; sévère au milieu des vestes bleu-de-ciel, des camisoles écarlates, des jupes omnicolores et riantes, apparaissait brusquement la robe noire de quelque honnête curé : bien assis sur son bidet hongré, le tricorne collé à la nuque, les rênes aux dents, il s'efforçait à lire son bréviaire et cheminait cahin-caha ; derrière lui, tout habillés de rouge et sonnant de la trompe, des piqueurs dévalaient entourés chacun de sa meute, dont chaque chien donnait de la voix. Avalanche d'hommes, de chars et d'animaux, bruyante comme le tonnerre ; amalgame de couleurs crues agitées dans le soleil et la poussière : les charretiers juraient, les bêtes ruaient, des femmes, des vieillards, des enfants se juchaient afin de se garer sur les piles de cailloux qui jalonnent la voie ; on entendait dans la bagarre hennir les chevaux, beugler les bœufs, clatir les chiens, grogner les porcs, bêler les ouailles, vociférer les hommes; et ce tohu-bohu de monde et de bétail se précipitait tourbillonnant dans la route encombrée, et, tout à coup, bêtes et gens, piétons, cavaliers, rouliers et postillons, s'arrêtaient, effarés à l'aspect d'un tronc et d'une sombre tête d'homme, vivant et parlant, lequel, coiffé d'un chapeau de marin et lié avec des sangles de cuir dans une sorte d'auge profonde assujettie à la cime d'un madrier dont l'autre bout avait été fiché en terre, apparaissait à l'improviste à l'un des tournants du chemin et racontait de cette voix rude et rauque commune à tous les hommes de mer, comme quoi, matelot du grand navire à trois ponts: *la Ville-de-Paris*, il avait eu, dans les haubans de ce vaisseau, les quatre membres emportés à la fois par un seul paquet de mitraille russe, au bombardement de Sébastopol.

On écoutait, émus, ce récit lamentable, et, poussés par un nouveau flot d'animaux et de chrétiens sans cesse accru, l'on passait outre après avoir fait l'aumône au mutilé.

Quel encombrement! quel bruit! quelles clameurs!

Au milieu de la foule épaisse et difficile à percer, des bœufs arrivaient par caravanes ; ils s'avançaient et mugissaient avec mélancolie, en regardant à travers les haies les gras pâturages ; alarmées, des juments hennissaient d'inquiétude, tandis que leurs poulains gambadaient autour d'elles ; on entraînait des vaches, ayant la plupart leur veau suspendu gourmand à leurs mamelles gonflées de lait ; en larmes, des brebis, d'une voix lamentable, réclamaient leurs agneaux tassés dans le véhicule rouge du boucher et pleurant à fendre l'âme, tandis que, parmi de noirs ou de blancs troupeaux de moutons, des béliers irascibles se heurtaient ; éperdus, des pourceaux qu'on traînait sur le gravier de la route avaient des cris douloureux et risibles ; sottes et se dandinant toutes grotesques, des oies, en bandes, dressaient leurs têtes de vipères et claironnaient en chœur ; idiots, des canards jabotaient en sourdine et des dindons sautillaient, dolents, sur la plante de leurs pattes et sous les gaules des guides ; se précipitant, tombant, se relevant, trébuchant sous une grêle de cris et de horions, un âne abasourdi s'arcboutait parfois opiniâtrément sur ses sabots et, dominant une seconde la clameur générale, il se mettait à braire. Enfin — enfin, dans les rayons du couchant et les volutes de poussière, parmi les claquements de fouet, le bruit argentin des grelots, les jurons, les rires, les vociférations des maquignons et des rouliers, les bestiaux beuglant ahuris, et les voitures enchevêtrées, des galants allaient droit devant eux, se tenant par la main, ne voyant, n'entendant rien qu'eux-mêmes au milieu du tumulte excessif, et si les prunelles magnétiques de chacun d'eux se rencontraient, attirées réciproquement de l'un à l'autre, ils semblaient aussitôt prêts à défaillir sous les caresses et les langueurs endormantes du regard, — les amoureux !

Inot, toujours adossé contre la pierre routière, souriait rêveur aux amants et pensait à Janille. Il pensait que peut-être il serait bientôt heureux avec elle et par elle et qu'ils vivraient paisibles ensemble au fond du bois aimé... Comme il songeait à cela, du haut d'une charrette bondée de cages de volailles, jaillit tout à coup le chant d'un coq. A ce cri, qui pouvait bien être un adieu suprême au pays natal, Guillaume eut les entrailles remuées d'une pitié fraternelle. Il se dit que sa peine à lui serait aussi bien grande s'il était forcé de quitter ses campagnes toujours hantées de verdure et de soleil, ses bois et son amie, tout ce qu'il aimait du fond du cœur. Alors, pour la centième fois, ses yeux interrogèrent la côte. Il tressaillit. Fonsagrives, en habit de velours merde d'oie et coiffé de sa rouge enseigne, arrivait, flagellant son âne. En arrière et sous la queue de sa monture anhélait un grand chien de pâtre, un *labri* noir et long-poilu comme un bouc. Cinq à six pas en avant, marchait Janille, heureuse, un panier au bras. Inot alla vers elle.

— Adiou, Janille, ma mie ; et puis après, saluant le langoyeur et lui tendant la main, adiousias, oncle, adiousias ! dit-il.

Fonsagrives eut un air on ne peut plus agréablement étonné.

— Par cet éclair ! fit-il en frappant sur la ceinture

de laine écarlate dont il était ceint et qui rendit un son métallique, c'est le bouscassié !... Je suis si content de te voir, garçon, que je ne le serais pas davantage si l'on me donnait un plein chapeau de pistoles. Approche un peu que je descende de mon âne, prends l'étrier ; et toi, nièce, attrape un peu vite la bride du bourriquet.

Janille obéit en souriant.

— Voyez-vous, les enfants, c'est toujours ainsi, reprit le langoyeur après avoir mis pied à terre ; quand on parle avec la poule, on voit venir le coq. Nous parlions de toi, bouscassié, sans en dire du mal ; demande à la nièce...

Inot, ravi, regarda Janille qui, la maligne, cligna des yeux.

— ... Marchez donc un peu devant moi tous deux ensemble, pour voir. Aussi vrai que je m'appelle Baptiste-Antoine Fonsagrives, et que je n'ai jamais eu peur d'un litre de rouge ou de blanc, vous faites la paire, et quelle paire ! De Lauzerte à La Française, en cherchant bien, on ne trouverait pas mieux que vous. Oui, peut-être qu'il n'y a pas en ce monde vos pareils; vous êtes juste de la même taille. Par saint Alpinien! on vous mettrait au joug et vous seriez bien accouplés. Ah! Viédaze! ce que c'est que d'être jeunes et de s'aimer ainsi. Vous devez vous croire en paradis, saint Dieu! tout à fait en haut, à côté des saints et des saintes sous la roue du soleil.

— Eh! je te l'avais bien dit, innocent, souffla Janille à l'oreille de Guillaume, il est tout à fait pour nous, tu vois.

— Vrai, dit Inot qui nageait dans la joie et parlait de cœur, vous êtes un brave homme; vous êtes brave comme l'or, langoyeur.

— Brave!... On dit partout que je le suis, et je trouve qu'on a raison de le dire. Je ne dois rien à personne, et l'on me doit plus de quatre deniers. Si j'en trouve l'occasion, je bois un coup, j'en bois deux et même trois. A cela, je ne vois point de mal. Ce que j'ai, mes vignes, mes prés, ma borde, je ne l'ai point gagné sans suer à la rage du soleil. Mais il ne s'agit pas de ça !.... La nièce, il me semble que je t'ai dit de passer devant avec l'âne ; le bouscassié et moi, nous avons besoin de mettre le cœur sur la main, sans témoins ; il est franc, je le suis comme lui ; nous ne passerons pas par quatre chemins, et nous arriverons droit où nous voulons arriver... Allons ! file donc, la nièce, et rondement !

Déjà, Janille avait pris les devants et trottinait, accorte et joyeuse, à côté du grison qui ricanait doucement en relevant la queue.

— Ici, Talabar ! Un chien bien appris et sage ne doit jamais quitter son maître. Ohé ! Talabar, on te cassera les reins, animal sans raison et qui fais celui qui n'entend rien à l'ordre. Ici, milo Dioux ! Talabar, Talabar, ici !

Le *labri* abandonna Janille, qu'il suivait, tout frétillant, et revint comme à regret et la queue basse occuper de nouveau son poste derrière les talons du langoyeur.

— A présent, bouscassié, reprit Fonsagrives en essuyant les grosses gouttes de sueur qui perlaient au bout de son nez bourgeonné, cramoisi comme une tomate, et se mêlaient aux larges paraphes violets que le vin rouge du pays avait dessinés aux coins de sa grande bouche lippue; à présent, m'ami, que toi et moi nous sommes tête à tête et bien seuls (oh ! je ne compte pas mon chien ; tu dois comprendre qu'il n'ira pas redire nos chansons), à présent que personne ne nous gêne et que nous pouvons nous déboutonner à notre aise, nous allons nous expliquer, garçon, mais auparavant, donne-moi ton bras que je m'y appuie; le soleil m'a tapé sur la caboche, et puis mes jambes qui se font vieilles et maigres sous mon ventre qui pousse, engraisse, et s'arrondit à vue d'œil, vont, les sacrées gueuses! à hue quand je veux qu'elles aillent à dia... Vois-tu, bouscassié, primo, d'abord, avant tout, il faut être raisonnable ; écoute-moi bien : il y a, comme cela, dans la vie des jours qu'il fait froid et des jours qu'il fait chaud ; aujourd'hui, l'on rit et demain on pleure ;

et, pendant cela, le temps passe, passe, passe si vite qu'on n'y fait pas attention. Moi, qui te parle, et qui suis heureux comme une carpe au fond de l'eau, j'ai eu des peines si traversières que la tête m'en tournait comme une aile de moulin à vent, et que je pensais tout de bon à me détruire. Par bonheur, on me fit comprendre que la vie est trop courte pour songer à la raccourcir. Aujourd'hui que je ne me souviens plus de mes anciennes tablatures, je ne consentirais pour rien au monde à m'égratigner tant seulement le cuir, pour rien au monde, non, monsieur. Mais parlons un peu de toi, l'ami! Tu ne possèdes, que je sache, absolument rien qui vaille au soleil; ce n'est certainement ni de ta faute ni de la mienne. Après cela, tu vaux, dit-on, et, je le crois, ton pesant d'or, quoique minable. Ouvre l'ouïe. A ta place, vois-tu, mon gaillard, voici ce que je me dirais : « Je suis jeune, je n'ai ni père ni mère, ni biens ni monnaie, et je ne peux pas m'empêcher d'aller où veut que j'aille le gouvernement, puisque je lui appartiens, étant tombé au sort. Bon ! alors, je vais à l'armée, et je demande la permission à mon capitaine de me rendre chez les Arabes. Une fois chez eux, j'en tue autant que j'en peux tuer, j'en tue une demi-douzaine par jour, s'il y a moyen, et si j'attrape quelque bonne balafre, tant mieux! On me fait une pension que je me mange ensuite tranquillement, dans un coin, sans me faire de la bile, en me grattant à mon aise la sole des pieds et en buvant plutôt dix fois qu'une à la santé de ceux que j'ai matés et dont la mort me rapporte l'agrément de bien ripailler, tout le long de l'an, avec de bons chrétiens qui payent toujours, comme de juste, leur écot et quelquefois aussi le mien, bien entendu... » Ce que je me dirais parlant à ma personne, si j'étais à ta place, bouscassié, tu viens de l'entendre, mon ami, tu viens de l'entendre. Es-tu content de ce que j'ai dit ? Tu devrais l'être, si tu ne l'es pas, et me sauter au cou pour me prouver que tu sens bien l'amitié que je te porte. A présent, si ça peut te faire plaisir, embrasse-moi, petit, tout à ton aise. Vrai, ne te gêne pas, appelle-moi brave homme, le meilleur des meilleurs, le premier des premiers, appelle-moi ton oncle, appelle-moi ton père, appelle-moi ta tante, appelle-moi comme tu voudras, je ne me fâcherai de rien et resterai ton dévoué quand même et toujours, je te le jure sur trente-six mille têtes de chrétiens, devant Dieu et devant les hommes, bouscassié !

Tremblant comme la feuille, Inot s'était planté en face du langoyeur, qui se dandinait, appuyé sur son bâton de houx, avec la présomption d'un Saint-Jean-Bouche-d'Or.

— Un peu de patience, garçon, reprit-il, l'œil cruel comme l'acier et les lèvres caressantes comme du velours, un peu de patience, je n'ai pas encore fini ! Tu me regardes de travers comme si mon raisonnement ne te convenait pas. Il est pourtant solide et sage, mon raisonnement. Fais appeler devant moi, le maire, le curé, le notaire, l'huissier et même le médecin, y compris le vétérinaire, et je te parie cinq contre un qu'ils me donnent raison, l'un après l'autre ou tous ensemble. Ah ! pardi ! que le cou me saute, si je ne te vois pas venir. J'entends bien. Très-bien. A l'armée tu n'auras pas Janille. Tu as de l'amitié pour elle, je n'en disconviens point. Certes, elle vaut que tu l'aimes : elle est jeunette, elle est blanche comme l'aube, elle est douce comme une agnelle, elle a la bouche en cœur et plus rose qu'une rose... rose ; elle a de grands yeux fendus en amande et couleur de la violette, elle a les cheveux aimables et roux comme le soleil et l'or, on dirait qu'on l'a pétrie dans les coquelicots, les roses blanches et les scorsonères et qu'elle est sortie telle qu'elle est, d'un moule tout neuf, *la demoiselette !* Oui, oh ! mais oui ! J'en tombe d'accord, elle est blanche comme le lys ; et j'en conviens aussi, de Moissac à Montauban, en longeant la rivière du Tarn, et de Moissac à Cahors en allant de montagne en montagne, on ne trouverait pas une pucelle de son calibre ; oui, ma foi ! c'est le plus joli pucelage qu'il y ait dans nos contrées. Il ne faudrait pas avoir de goût pour la trouver haïssable... Pourtant, ouvre l'oreille de mon côté, garçon. Moi, je suis vieux et je connais beaucoup de

choses que tu ne sais pas encore, entre autres celle-ci :
Que ce soit en France ou bien à l'étranger, une femme
en vaut toujours une autre, et toutes ensemble ne valent pas le quart du quart d'un homme, si mal raboté
qu'il soit. En tout temps, en tout pays, un mâle a
toujours valu plus qu'un million de femelles. Ah!
Des femmes, est-ce qu'il en manque? Il y en a
autant et plus que des mouches. Il en pleut. Il en
neige. Il en tombe de partout. Ne te chagrine donc
pas. A défaut de Janille, tu trouveras toujours bien
une compagne pour t'aider à la couler douce; ah!
m'ami, tu en trouveras toujours une et même deux,
sois tranquille.

— Jamais, jamais, jamais, je n'aimerai que Janille, langoyeur.

— Que dis-tu là, mon homme, ah! bon Dieu! que dis-tu là?

— La vérité pure de mon âme, Antoine Fonsagrives de Saint-Paul de la Rivière. Oui, langoyeur, je dis la vérité.

— Pauvre bouscassié, tu résonnes comme un méchant tambour de basque! Eh! tiens, Talabar, mon chien qui est là, Talabar ne dirait pas les coïonnades que tu dis, et même je parie que mon bourriquet, plus *financier* que toi, trouverait mieux la marche à suivre. Ah! si tu me disais : « Janille a bien quelque chose et moi je n'ai rien ; en l'épousant je ferais une affaire cossue ; » moi, je te répondrais que tu mets le doigt où il faut. Voilà la question, la vraie, la seule ; il n'y en a pas d'autre. Janille te plaît, tu lui plais, d'accord ! Mais depuis quand est-ce l'usage que celui qui a de la *viande* épouse une donzelle rapiécée, et que celle qui a les poches garnies prenne en mariage un chevalier qui ne possède sous la courbe du ciel qu'une bouche pour tout avaler. Doucement ! tu roules des yeux comme une vipère à qui l'on marche sur la queue. Oui, je te conçois. Tu veux dire que ce n'est pas l'intérêt qui te fait aimer la nièce. Il se peut. Mais crois-moi : Janille que tu trouves si drue et qui l'est, remercions Dieu ! Janille serait bien près d'être laide, si la monnaie ne la faisait pas luire un brin. Que veux-tu que je te dise encore, moi ! Son père, Rouma, te l'avait promise, et ma sœur, la Roumanenque, veut la garder. Encore, peut-être on te l'aurait donnée si tu n'étais pas tombé au sort. Maladroit que tu es, il te fallait laisser ce méchant chiffre, le plus petit, ce gros 1 au fond du sac. A présent, il te faut partir, aller à l'armée. C'est un malheur, un malheur sans remède. Voilà ! mais j'en connais qui te valent et qui partiront sans ruer. C'est un malheur ! Je n'y peux rien. Rien du tout. La nièce, qui n'entend goutte aux affaires du monde, espérait que je t'achèterais un homme. Il faut être juste : Janille, puisque je n'ai pas d'enfants et que je suis bien décidé à rester veuf, sera mon héritière.... plus tard ! Oui, plus tard : regarde-moi, je suis encore jeune. Soixante ans ! Qu'est-ce que c'est que ça ! Rien ne m'empêche de vivre encore autant et davantage. Le Ribal de Saint-Carnus, qui a servi sous l'*Ancien*, a, je le sais, onze vingt passés; pourquoi ne deviendrais-je pas aussi vieux que lui ?

Notre voisin, Andoche Kardaillac, qui s'est battu sous la première République, laboure et fauche et sarcle, et pourtant, il est antique, l'homme ! Est-ce que quelque chose m'empêche d'arriver à l'âge auquel est arrivé Kardaillac l'Ancien ! Ma caisse est en fer. Je vais comme l'horloge de Saint-Pierre à Moissac et je bois comme un trou. Mes cheveux sont poivre et sel, c'est vrai ; mais de ceux qui me restent, on couvrirait encore la toiture de plus d'un pelé. Quant à mes dents, elles tiennent ; il ne m'en manque pas une seule. Holà ! regarde-moi ce râtelier de requin, bouscassié..... quelle gueule prospère, eh ! l'ami. Franchement, bâti comme je le suis, on peut se foutre de la camarde et je m'en fous. Oui, mais, attention ! En vieillissant, je ne pourrais plus langoyer les porcs ni les châtrer, et, que je le veuille ou non, il faudra que je vive de mes revenus qui ne sont pas gros, gros, je t'assure. Vingt-cinq cents francs qu'il faudrait pour te payer un remplaçant ne se trouvent point comme cela sous les fers d'un cheval.

Les tirer de mon capital, que nenni ! S'il m'arrivait un jour de manquer de pain, parents, amis et connaissances, chacun dirait : « Bonsoir, Fonsagrives et la compagnie ; mange, si tu peux ; crève, si tu veux. » Pauvre et vieux, bouscassié, ça quadre assez de travers, Dieu me damne ! et, quand ça se trouve ainsi, l'on finit ordinairement dans le cul de quelque hôpital. Ah ! mon bon petit ami chéri !... Vingt-cinq cents francs !... Attrape-les ailleurs. Je ne veux pas me démunir ; et puis j'ai des dépenses à faire : il faut que je répare mon pigeonnier qui tombe en mies ; il faut que je remplace mon bourriquet qui n'en peut plus, il est poussif, arqué, fini ; regarde-le. Un beau matin il me tomberait dessus si je n'y prenais garde, et m'aplatirait comme un œuf. Il faut que je le remplace par une bonne cavale bretonne qui me portera bien, sans broncher et sans me faire des bêtises. Tu vois, il me faut beaucoup, beaucoup d'argent, et ne peux te prêter un simple denier. Vingt-cinq cents francs ! Viédaze ! Je ne suis pas assez riche pour te faire ce cadeau ! Tiens !

Si tu veux savoir le fin fond de ma pensée : ce que je ne fais pas pour toi, je ne le ferais pas pour mon fils, si j'en avais un. Il partirait, il irait à l'armée, il irait au diable, je te le jure devant le vieux gouvernant de là-haut qui m'entend et qui peut me fusiller roide, si je ne dis pas vrai. Donc, à la fin des fins, ton mieux est de partir et d'oublier Janille qui, crois-moi, ne demande pas mieux, au fond, la pauvre enfant, que tu la plantes là !

— Tu mens, langoyeur, tu mens ! aussi vrai qu'il y a toujours eu et qu'il y aura toujours des arbres sous le soleil ! tu mens ! s'écria le bouscassié froid et pâle comme la mort.

— Oh ! oh !! oh !!! La Janille ne m'a pas dit cela, je suppose qu'elle le pense ; car moi, Fonsagrives, qui connais les femmes, j'estime que Janille est faite comme toutes celles que j'ai vues. Ecoute, je te le répète encore un coup, les femmes, bon et brave bouscassié, que je porte en mon cœur, les femmes, c'est un bétail mignon et capricieux, traître et méchant, qu'il faut mener à coups de fourche. Il faut que je t'instruise à fond, car je vois que tu n'entends rien de rien à la question. Ouvre bien ton esprit, innocent, et sache ce que c'est que le mariage dont tu te montres si fort en goût. Attention! Y es-tu? Je commence. On en a toujours trop des noces et de ce qui s'ensuit. Tiens, voici la chose au plus simple ainsi qu'au plus commun. Un coq s'associe à quelque poule de la contrée. Oh! ça va bien, très-bien, d'abord. Un peu plus tard, le coq ne bat plus que d'une aile, ne pique plus que d'un éperon, et sa poule se trouve la bien mal servie. Aie! aie! aie! Un beau matin, elle voit passer au ras de la maison *noubiale* (nuptiale), quelque jeune et vaillant coq étranger, cric, crac! elle s'accroupit d'elle-même et puis, elle se relève, augmentée : Et voilà! Qu'arrive-t-il ensuite? On dit plus tard de long en large, à travers le pays : Savez-vous pourquoi tel ou telle ressemble si peu à son père? c'est que son père est de la grrrande, grrrrrandississime confrérie de Saint-Joseph; il en porte de longues à faire trembler un cerf; il est cornard, il est cocu. Voilà ce que c'est, bouscassié. Voilà ce que c'est! Tu connais les femmes à présent. Elles sont toutes de la même pâte, et Janille, *nostro Janillo...*

Les yeux de Guillaume avaient pris une expression si douloureuse et si terrible, que son bourreau n'osa pas retourner davantage le couteau dans les blessures qu'il avait faites. Il eut peur, Fonsagrives, qu'excédé de souffrance, Inot, à la fin des fins, ne le saisît entre ses mains réputées les plus tenaces du pays et ne le cassât « lui, pauvre vieux ! » sur les genoux ainsi qu'une vieille branche.

— O mon Dieu ? ne te fâche pas, garçon, balbutia-t-il mielleux et le verbe tremblant; aussi vrai que me voilà, j'aime tout plein la nièce, et pour lui faire plaisir je suis prêt à te donner tout de suite un coup d'épaule, et même deux.

Inot eut le geste d'un homme qui rencontre un reptile et va marcher dessus, et puis il dit entre ses dents serrées, ce mot, ce seul mot :

— Serpent !

— Au revoir, bouscassié, dit le langoyeur s'esquivant au plus vite, il faut que je parle à ce farceur de Cônis qui me doit neuf écus de six livres et qui passe sur la route sans avoir l'air de me reconnaître... « Hé! Cônis! arrête un peu ; ne marche pas si vite, je t'ai vu, tu ne m'échapperas pas comme ça, mon gaillard ! » Au revoir, bouscassié ; les affaires avant tout, tu comprends... (Un moment, Talabar ! Attends-moi donc un brin, chien de misère !)... Il faut les faire quand on peut; adieu donc, Inot de mon cœur, et porte-toi bien. Sans rancune, fils ! Je t'aime quasiment comme si tu étais mien, et je t'ai parlé de même...

On eût dit Guillaume pétrifié. Toutes ses forces vives s'étaient exhalées dans ce cri : « Tu mens ! » que l'insinuation féroce du langoyeur lui avait arraché des entrailles. « Ohé ! l'homme, lui cria un charretier, si je t'avais écrasé, tu l'aurais bien voulu, par exemple! A-t'on jamais vu quelqu'un se jeter ainsi sous les roues des charrettes! » Un moment après, un bûcheron le prit par le bras, et lui dit en riant : « Que fais-tu là sur la route, planté comme un pieu ? Que regardes-tu donc à terre ? On dirait franchement que tu y vois des perles ! Allons ! Allons, suis-moi, viens vite. » Il répondit au bûcheron qui voulait à toutes forces l'emmener en forêt : « Laisse-moi, Luc-Alexis ; » et resta sur ses pieds, ainsi qu'un corps sans âme, au beau milieu de la route royale.

Une grande rumeur se fit tout à coup derrière lui, vers La Française. Il tourna la tête en arrière et vit les conscrits avec lesquels il avait bu à l'auberge des Trois-Rois, chez Astaruc le gascon, qui s'en revenaient tous ensemble, à leurs champs. Ce n'étaient plus les mêmes hommes. Adieu l'honnête et belle émotion qu'une heure auparavant, au cabaret, ils avaient tous ressentie en entendant chanter leur camarade, ému comme eux, à l'idée affreuse de quitter et la famille et le pays. Exaspérés à présent par l'eau-de-vie et le vin, ils s'avançaient, hurlant, dans les flots de poussière soulevés à chacun de leurs pas et suivaient, tumultueux et désordonnés comme des moutons, leur porte-drapeau secouant au vent la branche de chêne où s'entre-choquaient à grand branle et socs de charrue et cornes de bœufs. A cheval l'un et l'autre et dos à dos sur la haute jument gris-pommelé du Perche, Yzède, le fifre de Saint-Charles-Borromée et Matalenou, le tambour fameux de Sainte-Pétronille en Forêt, qu'on avait rencontré à La Française, sonnaient à qui mieux mieux une marche guerrière, étroitement entourés de toute la bande. « Au galop, enfants, au galop! » Et, sans même apercevoir Inot qui, de son côté, ne les voyait guère, ils passèrent bras à bras et comme une volée de mitraille devant lui, tous braillant à tue-tête et d'un air vraiment terrible l'antique chanson du Soldat du Quercy.

Cuirasse au dos, couvert du casque,
Et tout criblé, rouge de sang;
Cuirasse au dos, couvert du casque,
Je faucherai comme un paysan.

Rouge de sang & noir de poudre,

Je faucherai têtes & bras;

Rouge de sang & noir de poudre,

Je fendrai tout de haut en bas.

Et si l'Anglais demande grâce

Je lui dirai : « Rends ton drapeau

« Sinon, Anglais, aucune grâce... »

. . . .

A leurs patriotiques mais sauvages accents, on sentait que, le fusil ou la baïonnette ou le sabre aux mains, ces jeunes hommes des campagnes enrégimentés et précipités dans la bataille, eussent tout éventré devant eux, hommes et chevaux, sans faire quartier à l'ennemi même vaincu. Toutes les vieilles haines nationales, assoupies ou mortes, revivaient dans leur bouche au nom exécré de l'*Anglais*. Envoyant dans les airs les strophes de leur hymne de guerre ainsi qu'ils eussent envoyé des crachats à la face de l'étranger, ils passèrent au milieu de la foule rangée au long des fossés de chaque côté de la route et disparurent en des tourbillons de poussière, avec des bruits de tonnerre et d'ouragan.

Réveillé par la clameur guerrière et rendu presque entièrement à lui-même, Inot, enfin, releva la tête, et portant la main à la hauteur de l'œil, il aperçut au loin Janille qui tenait l'âne par la bride et marchait à petits pas. S'étant mis à courir afin de la rejoindre, il eût bientôt dépassé Fonsagrives, en train de se chamailler avec le débiteur accroché au passage, et rattrapé les conscrits engagés on ne sait pourquoi sous les arches d'un pont jeté sur la grande route. Il courait, il sautait à travers le monde, il volait, et, tout en nage, il criait à chaque pas :

— Ohé ! Janille ! Ohé !

Il y avait entre elle et lui trop de distance encore et trop grand était le tapage que faisaient sur la route et les chemins d'alentour équipages, gens et bestiaux, pour qu'elle pût l'entendre.

— Aoo-oh! Janille ! Janille ! Aoh ! oh !

Elle crut enfin ouïr son nom au milieu de la bagare et s'arrêta.

— Janille ! Janille ! Janille !

« On m'appelle, et c'est Guillen. »

Elle fit aussitôt volte-face.

— Ah ! mon Dieu ! s'écria-t-elle à l'aspect de Guillaume, qu'elle s'attendait à revoir si radieux, est-ce que l'oncle ne t'aurait pas tenu de bonnes et franches paroles ? Est-ce qu'il a changé d'avis ? Est-ce qu'il nous abandonne ?

Il branla la tête en silence, ayant la mort dans l'âme et dans les yeux.

— Hélas ! soupira-t-elle, je te comprends ; hélas ! mon ami.

— Ce n'est pas tout, dit-il alors, sévère, en la regardant profondément dans les prunelles : M'aimes-tu, Janille ?

— Si je t'aime, moi.

— Es-tu franche ? es-tu loyale ?

— Oh ! Guillen.

— As-tu le cœur ami de la langue ? Il faut que tu me parles aujourd'hui, Janille, avec ton corps et ton âme ensemble.

Elle joignit les mains, tout affligée, et deux grosses larmes roulèrent sous ses cils, cependant que son âne s'en allait, la bride sur le cou.

— Janille, reprit Inot, l'oncle, qui y voit très-clair, pense que tu m'aimes pas ; il m'a dit, entends-tu, que tu ne m'aimais pas.

— L'oncle ! il a menti, Guillen !

— Je voudrais bien croire à ton discours et pourtant je ne peux.

— Il a menti, je te le jure.

Et Janille, révoltée, était, en disant cela, superbe d'énergie.

Une lueur de paradis passa sous les paupières mi-closes de Guillaume, et toute sa face en fut à l'instant rassérénée.

— Oui, je te crois, oui, n'est-ce pas, ma Janillette,

que tu m'aimes ? Le méchant homme ! Il m'a semblé qu'il m'arrachait le cœur.

— Oser te dire... et toi, tu l'avais cru !

— Pardonne-moi, mienne... Il ne faut pas trop m'en vouloir.

— Oui, je te pardonne ; mais ceux à qui je n'ai rien fait et qui me font du mal ont tort, et bien tort de se comporter de la sorte. Ecoute, Guillen ; cela ne se passera pas comme ça, non, oh ! non, ami... Je veux te voir, te parler longuement, demain.

— Demain ?

— Oui, demain ; où vas-tu travailler ?

— A la Guirlande-des-Chênes, en forêt.

— Y resteras-tu toute la journée ?

— Oui, de l'aube à la nuit, du chant du coq à celui des rainettes.

— J'irai t'y joindre.

— Quand ? Dans la matinée ?

— A la tombée du jour; y seras-tu, *meou* Guillen, y seras-tu ?

— Janille, j'y serai.

— Dès aujourd'hui, sois tranquille, Guillen, on ne me mènera plus à la lisière ainsi qu'on l'a trop fait jusqu'ici... mais écoute-moi, va-t'en vite à présent, car j'entends venir derrière nous le méchant langoyeur. A demain, Guillen, à demain.

— A demain donc, Janille.

Et sur le point de se quitter, s'étant pris les mains, ils se baisèrent tendrement d'un long regard où leur âme avait passé toute, et ce baiser ardent et chaste durait encore qu'un immense cri d'effroi fit explosion autour d'eux.

Ils s'éveillèrent, troublés, et tressaillirent en entendant en arrière la parole stridente du langoyeur qui criait hors de lui :

— Gare-toi, bouscassié, gare-toi !...

Cent, deux cents, trois cents voix humaines éclatèrent ensemble au même instant:

— *Lou Taourel* (le taureau)! *Lou Taourel!*

Inot se retourna... Bon Dieu ! Le péril était là, terrible, et la mort peut-être aussi. Soulever de terre et comme une plume Janille défaillante et l'emporter avec lui dans un petit chemin creux ourlé de haies, à droite de la Grand'Route, il fit cela, rapide comme l'éclair. Une seconde encore, et, franchi l'un des deux talus entre lesquels était encaissé le petit chemin surplombé d'un dôme de ronces, ils eussent été hors d'atteinte, elle et lui.

— *Biro! Biro! Biro!*

Par ce nouveau cri en vingt secondes vingt fois répété, la foule avertissant Inot qu'il n'avait pas le temps d'escalader la pente au sommet de laquelle il voulait se réfugier, il déposa sur l'herbe, au revers du fossé, Janille aussi pâle qu'une morte et fit face à la bête dont le souffle humide et chaud lui avait mouillé les reins.

C'était un taureau brun fauve de Gascogne, agile et plein de feu, que les conscrits avaient affolé par leurs vociférations, et qui bondissait et beuglait, ayant des lambeaux de vêtements à la pointe des cornes, et du sang au poitrail. Le fichu rouge et blanc de Janille l'avait attiré. Noirs, ses yeux étincelants s'étant posés sur Inot qui, renonçant à fuir davantage, ramassé sur les jarrets et les mains à demi jetées en avant à la façon des pâtres-dompteurs de la montagne, attendait sans broncher ni pâlir, il courba la tête et couvrit d'écume ses fanons, ensuite, étonné peut-être qu'on osât ainsi l'attendre de pied ferme, il se cabra tout à coup, et puis ses ongles déchirèrent la terre, tandis qu'il mugissait, le mufle au ras du sol, la queue ondulant éployée et bruissant comme une flamme au-dessus de ses reins.

Hommes et femmes du pays, arrêtés sur la Route-Royale, bouviers et rouliers debout sur leurs charriots, maquignons à cheval et se haussant sur les étriers, bergers appuyés sur leurs houlettes, tout un monde immobile et comme pétrifié de terreur, regardait l'homme et la bête en présence l'un de l'autre et s'observant tous les deux.

Effrayé, quelqu'un s'écria :

— Seigneur-Dieu !

La bête avait bondi, furieuse, en avant, et, sous ses sabots, le gravier et le sable avaient aussitôt volé de toutes parts.

— O pauvre fillette, ô pauvre Janille.

— Elle est morte. Ils sont perdus tous deux.

— Aie ! Aie !

Habiles et bruyantes, les mains de Guillaume s'abattirent tout à coup à l'improviste sur les cornes baissées du taureau.

Tous les yeux en ce moment se fermèrent, mais pour se rouvrir presque aussitôt et fouiller de mille regards avides le chemin creux où chacun s'attendait à voir Inot et Janille étendus côte à côte sans vie ou, tout au moins, grièvement blessés. On ne remarqua rien d'abord si ce n'est une masse de poussière allant en tourbillons et l'une des haies qui vibrait, très-agitée; ensuite, la poussière se dissipant peu à peu, l'on aperçut quatre membres velus et noirs se trémoussant en l'air, ensuite tout le corps de la bête à cornes abattue, et puis, enfin, portant-à-bras le corps Janille saine et sauve, le bouscassié qui se dressait, pâle mais calme, à la crête du talus.

Un grand soupir de soulagement sortit alors de toutes les poitrines, et les conscrits, enthousiasmés, surpris de ce qu'avait fait sous leurs yeux le « *petit bûcheron* de la Crête-des-Chênes, » s'élancèrent vers lui, qui parlait tendrement à sa Janille mourante, tandis que le taureau malencontreusement tombé dans la traverse trop étroite pour qu'il pût se relever sans assistance, beuglait en furie, allongé sur l'échine et les quatre fers en l'air.

— Inot, brave Inot, es-tu blessé?

— Viens boire quelque chose, ami; viens boire un glou-glou pour te calmer le sang.

— Un bon coup de pied au flanc gauche, une bonne pesée sur la corne droite du rebelle, et le voilà sens dessus dessous en train de gagner l'avoine... Ah! certes, c'est une bonne poigne que la tienne, Inot, foi de berger du Quercy!

— Vrai, c'est travailler comme il faut, cela!

— Camarades, croyez-moi, c'est un vaillant, c'est un homme, le bouscassié!

Mais lui, dédaigneux de louanges et ses mains dans celles de Janille, encore toute tremblante, il rompit le cercle des conscrits, et s'avança droit à Fonsagrives, ahuri complétement.

— Tiens, langoyeur, fit-il en le regardant bien en face, pour aujourd'hui, reprends-la; mais tâche d'avoir soin d'elle à la maison.

Et cela dit, ayant écarté les conscrits qui voulaient le retenir et fait des yeux un signe d'intelligence à son amie, il prit à travers champs et s'enfonça dans les seigles. Un quart d'heure après, Janille côtoyant toujours la grand'route et précédant son oncle Fonsagrives remonté sur l'âne et flanqué du labri, Janille, qui suivait toujours des yeux son *sauveur,* le vit qui gravissait en courant les pentes de la Pandouille au-dessus desquelles plane en tout temps un vol épais de corbeaux et non loin du château seigneurial de Rey-Naou.

— Mais qu'est-ce qu'il a donc à galoper ainsi ? se demandaient les gens qui ne l'avaient pas non plus perdu de vue; est-ce qu'il en a réellement un grain au cerveau, comme on disait dans le temps ; il s'en va là-haut comme un vrai fou.

D'abord, réconforté par les paroles de Janille, Inot ne pensait déjà plus au danger qu'il venait de courir avec elle, mais subissait déjà de nouvelles défaillances et de nouveau se désespérait ; taonné par sa pensée comme un cheval par l'éperon ou le taon, il allait à droite, à gauche, éperdu. Sa dernière espérance était morte, on l'abandonnait, tout le monde l'abandonnait, il en était bien sûr à cette heure. A la fin, le langoyeur avait parlé clairement; il s'était démasqué de telle façon qu'on voyait en lui jusque sous le visage et dans l'esprit. Le traître ! le scorpion ! il avait osé dire, il avait dit : « La nièce ne demande pas mieux que tu la plantes là ! » Non, non, Janille n'avait pas dit, n'avait pas pensé de telles noirceurs. Et pourtant... s'il était vrai que toutes les femmes sont fausses, et s'il était vrai qu'on ne pût se fier à aucune d'elles !... Si le langoyeur n'avait fait que répéter, après tout, une chose qu'il avait bien et très-bien entendue... Alors, oh! alors...

Guillaume, irrité, se mordait les poings et menaçait le vide.

« O Janille ! Janille... Mais il avait tort de se monter contre elle et de songer à lui faire du mal. Il avait tort, il le sentait. Il venait de la voir, de lui parler, et savait, pardi bien ! à quoi s'en tenir sur elle. Elle était sincère, elle était franche, elle avait le cœur sur la main et l'âme sur les lèvres, et c'est pourquoi ni demain ni jamais, il ne consentirait à s'en séparer; il savait, il savait trop bien qu'en ce moment elle souffrait et peut-être plus que lui-même; elle l'aimait. Aussi quoi qu'il advînt, il ne la quitterait pas. Non ! il ne s'en irait pas du pays. Qu'on essayât de l'en arracher, on verrait... Avec *Balento,* sa cognée, il cognerait quiconque ferait mine de l'aborder; il fendrait celui, ceux, tous ceux qu'on chargerait de le prendre. Il ne s'en irait pas, oh non ! Avec

Janille, il se cacherait dans les bois, au fond des grottes, et bien fin serait le limier qui les y dépisterait. Et quand bien même on trouvât sa trace, il ne se rendrait pas encore. Il était agile : il s'enfuirait par des chemins inaccessibles à travers les rochers ; il était fort : il poserait sur ses reins Janille et la porterait ainsi jusqu'au bout du monde, sans être fatigué du poids... Il était courageux : il tiendrait tête à toute une meute d'hommes ou de chiens. Hélas!... tout cela, certes, était bon à dire, mais plus difficile à faire : par force, par ruse ou par famine, on finirait bien toujours par l'avoir, par le réduire et le mettre *à quia ;* et, malgré les larmes de Janille, on le traînerait à l'armée, on l'y garderait sept ans et peut-être davantage au bon plaisir du Gouvernement. Le Gouvernement ! s'écriait-il avec colère, oubliant ou plutôt ignorant qu'il subissait la loi commune, le Gouvernement ! il commandait en maître..... Mais de quel droit ? Est-ce que Inot, lui, le connaissait, le Gouvernement ? Est-ce qu'il lui devait quelque chose ? Est-ce que le Gouvernement lui avait servi de père et de mère ? Est-ce qu'il lui avait donné des habits, quand il avait froid? Du pain, quand il avait faim? A boire, quand il avait soif? Enfin, qu'avait-il fait pour lui, le Gouvernement? Rien, Rien du tout. Alors, que réclamait-il? Inot ne l'avait jamais vu, ne lui avait jamais parlé, ne savait même pas comment il était fait, et voilà que tout de même il arrivait, le Gouvernement, et disait : « Bouscassié, tu as vingt ans, tu es soldat, tu m'appartiens ! » Oh ! c'était fort, cela ! C'était terrible. Terrible à faire trembler ! Oui, c'était affreux. Quelle injustice! Il ne la supporterait pas. Il se révolterait !.... Se révolter ? A quoi bon ? On ne le laisserait pas davantage vivre en paix, dans un coin, avec Janille. Il faudrait céder. Céder, c'est-à-dire partir, aller au régiment. Non cent fois non, on pouvait le couper en morceaux, il ne partirait pas. Partir! Il aimait mieux se détruire de ses mains ; il y était décidé !... Mais après, lorsqu'on l'aurait couvert de neuf pans de terre, il ne verrait plus

Janille, plus jamais, jamais plus. Que faire donc? Encore, s'il connaissait quelqu'un au monde qui fût riche et qui voulût le tirer de peine, il lui donnerait bien en échange les trois quarts du sang qu'il avait dans les veines;... mais il ne savait à qui s'adresser ; il ne connaissait personne qui fût capable de lui dire : « Ne te tracasse pas, mon brave bouscassié, je te rendrai service, je te prêterai la monnaie qu'il te faut pour ne pas quitter le pays, et tu me la rendras un jour ou l'autre, aussitôt que tu pourras. » Il ne connaissait personne fait de cette pâte, et puis d'ailleurs ceci devait être vrai qu'on lui avait souvent et bien souvent répété : « Les gens qui sont contents de leur sort et que rien ne tourmente ne font pas attention à celui qui pâtit et n'exposeraient pas quittement deux liards pour le soulager. » Hélas donc! que faire? Mourir? Ah! c'était bien triste. Attendre du secours? Mais de qui, de qui, de qui?... »

— Notre-Dame-des-Bois! Ah! quelle idée! et comment se fait-il qu'elle ne me soit pas venue plus tôt, s'écria-t-il tout à coup en se frappant le front? Un homme, un seul ici peut, s'il le veut, me dire de quelle manière tout cela pourra tourner: Escarrolis. Si celui-là ne sait pas comment je dois m'y prendre pour ne pas aller à l'armée, c'est que personne ne le sait. Oui, sans manquer, j'irai chez lui, demain, demain matin au premier chant du coq.

Adam Escarrolis était l'empirique, le sorcier du pays. En grand renom dans une contrée où pourtant abondent les industriels de cette espèce, on reconnaissait en deçà comme au delà du Tarn que, pour parler avec les morts et leur tirer les vers du nez, il n'avait pas son pareil. Au dire de tout le monde, il n'avait qu'un rival en Quercy: le Pittourre, mire de La Grelon-Vescinalière; un supérieur: Dardayroll, le mage de Saint-Bartholomée Porte-Glaive, à ce moment très-attaqué de l'estomac et sur le point de rendre l'âme, affirmait-on. Le *Prince des mages* mort, Escarrolis et le Pittourre auraient à se disputer le trône. On tenait plutôt pour Escarrolis. A la fois vétérinaire, rebouteur, droguiste, théurge et confident du Diable, il n'était pas de jour qu'on ne le consultât pour les causes les plus diverses. En dépit de ses septante-sept ans sonnés, il était constamment en selle; on le rencontrait à travers combes et collines tous les jours, sauf le jeudi. Le jeudi — Guillaume le savait bien — Escarrolis recevait chez lui dans sa maison assise dans le tuf au fond d'une douve, auprès de laquelle douve sort d'un sol rougeâtre et spongieux une grosse motte calcaire que les infiltrations des eaux ont percée à jour comme un crible et qu'on appelle la *Roche-aux-Corneilles;* un peu plus loin croupit un marais, *la Nasse-aux-Vipères :* site très-bien approprié : le mage était un habile homme.

Il était en train, ce matin-là, de raccommoder une vache qui, la veille, s'était à moitié dessolée, en labourant, lorsqu'il entendit marcher non loin de lui, tout au bas de la douve.

— Encore un, dit-il. Quel est celui-ci ? Je ne le reconnais pas à la démarche. Il a l'air d'être bien pressé.

S'il n'a pas le sou, tant pis pour lui. Mais s'il a ce qu'il faut en poche, on pourra rire un peu. Franchement, ses pieds ne touchent pas à terre. Il vole. Le voici. Quel est-il ?

Inot parut.

— Mage, dit-il, avec on ne sait quoi de respectueux dans l'œil et dans l'accent ; il faut que je te parle, et tout de suite.

Escarrolis se passa lentement la main dans ses grands cheveux blancs, qui retombaient rudes comme une crinière de bête sur le col de son long camisard en toile écrue, et le camisard entr'ouvert sur le devant du corps laissa voir une poitrine couleur de brique, rugueuse et fanée assurément, mais solide encore, et dont les poumons jouaient réguliers et puissants, ainsi que des soufflets de forge. Ombrageux et sournois de la base à la cime ; œil, bec et serres d'accipitre : il était long comme un échalas, aussi maigre qu'un clou, tanné de peau, le mage !

— Allons, bouscassié, parle et dis ce que tu veux

que je fasse pour toi, répondit-il en pesant toutes ses paroles.

— Escarrolis, écoute-moi bien, je t'en prie; il faut que je sache ce qui m'attend cette présente année et les autres à venir.

— Oui, sans doute, *pitchou* (petit), je te comprends très-bien, mais voici la vache de Sargalac qu'il me faut ramener à son maître, et tu vois, elle est dans un piètre état et ne peut aller ventre à terre. Ensuite, je suis forcé de passer à Montuluberet, chez la Draguiniante, qui se plaint de ce que les morts la tracassent, la nuit; enfin, il faut que j'aille sans faute au Mas, chez le second de Bernad-Pescaÿre, à qui j'ai hier arrangé sa jambe cassée à trois endroits. Ainsi, ma journée est bien pleine, et je ne peux guère t'écouter. On doit servir avant tout, tu le comprends, pitchou, mon bel ami, ceux qui vous payent et sur le bout de l'ongle...

— Hé! mais, dit Inot presque suppliant et fort désappointé, je veux te payer aussi, moi, comme de juste, mage.

Il n'était évidemment pas sourd, Escarrolis.

— Serais-tu par hasard devenu riche, toi, pitchou ? Depuis quand donc, cela ? demanda-t-il de sa bouche câline.

— Riche, nenni. Mais j'ai là quelques petites pistoles que je te donnerais de bien bon cœur, Escarrolis, si tu voulais me dire...

— Eh ! tu n'as pas besoin de t'expliquer davantage ni de mettre les maisons sur les épis. On te comprend, cadet; on te comprend à souhait, pitchou. Ce que tu veux savoir, bouscassié, moi je le sais. Oui, c'est bien malheureux pour toi que ce pauvre Rouma se soit noyé. Sage homme que le passeur de Sainte-Livrade, on n'en fait plus de chrétiens tels que lui. Las ! s'il vivait encore !... Ouf ! S'il n'était pas mort... Mais inutile d'en parler davantage, il ne peut aujourd'hui rien pour toi, le pauvre misérable. Il est mort; tu dois en prendre ton parti, bouscassié. La Roumanenque, je le sais bien, n'est pas commode à museler, elle. Et Fonsagrives !... oh ! je le connais aussi de la caboche aux orteils, le langoyeur. Il n'aime que son cadavre, à lui, l'homme !... aussi, je te le dis : de ce côté-là, rien, rien à faire. Ah ! ça, mais tu l'aimes donc bien, la jeunette, *à ce qu'on dit partout*... Hier, à la Foire des Chiens, ce n'était qu'un cri ; tout le monde, à La Française, parlait de tes amours ; on disait que tu l'aimais, ta Janille, au point d'en perdre le boire et le manger..... Est-ce vrai, cela, dis ?...

Avant qu'Inot eût répondu, le mage qui s'était mordu la langue avait repris bien vite, en corrigeant sa maladresse :

— Holà ! Ne dis pas non, bouscassié, la Janille est tout pour toi, tu ne respires que pour elle, je le sais ; les âmes, les âmes me l'ont dit.

— Les âmes !...

— Oui, pitchou : celles qui sont en Paradis aussi bien que les autres qui pâtissent en Purgatoire ou brûlent dans l'Enfer.

— Escarrolis, sorcier renommé de mon pays, que m'apprends-tu là !... Les âmes t'ont dit que je ne pouvais pas vivre sans Janille, et que je préférais cent fois mieux mourir que de la quitter ?

— Oui bien, elles m'ont fait savoir tout cela, bouscassié ; tiens ! pas plus tard que l'autre semaine, je vis une nuit, l'âme de Rouma...

Les yeux de Guillaume attendri se remplirent aussitôt de larmes.

— Ah ! tu l'as vu, lui, *pécaïre !* Qué je voudrais le voir aussi, moi.

— Le voir !... Oh ! oh ! oh ! tu n'en aurais donc pas peur, pitchou ?

— Peur ! moi, j'aurais peur de mon pauvre père Rouma qui m'aimait tant ! Ah ! ça, mais que me dis-tu ? Tu plaisantes sans doute, sorcier ; oh ! que non, je n'aurais pas peur.

Escarrolis se gratta l'oreille, et puis s'étant signé précipitamment :

— Tout le monde, ajouta-t-il à voix basse a peur de ceux qui reviennent... il faut les craindre et leur faire dire des prières ; autrement... ils vous font du mal, les morts !

Inot, incrédule, murmura :

— Mon pauvre père Rouma ne me fera jamais aucun mal, lui.

Le mire, interloqué, trouva prudent de changer de conversation.

— A te parler franchement, bouscassié, reprit-il en levant les yeux au ciel, je te plains de tout mon cœur. Elle est pardi! bien luisante, ta Janille, et personne mieux que moi ne comprend que tu ne veuilles pas la quitter seule au pays et t'en aller agoniser, toi, qui diable sait où ?

— La quitter! Je te répète que j'aimerais mieux mourir, Escarrolis.

— Sans doute; aussi, pitchou, mon ami chéri, je ne soutiens pas que non.

— Alors, si tu peux, dis, dis-moi vite, je te le demande à genoux et même à mains jointes... tiens, regarde : je te supplie agenouillé... dis-moi tout de suite, là, sans mentir, s'il faudra qu'elle et moi nous nous séparions cette année?

Escarrolis sourit.

— Têtu, va, je t'ai déjà dit que je n'avais pas une minute à perdre avec toi. La vache de Sargalac est là qui peine, on m'attend à Montuluberet, on m'attend chez la Draguiniante, on m'attend encore chez le borgne de Tapy...

— Mage, bon mage.

— Impossible.

— On te payera bien ton travail et tes discours, aie pitié de ma peine...

Escarrolis eut l'air de céder à quelque mouvement généreux du cœur.

— Allons, dit-il, avance dans la maison tout de même, l'ami. J'ai pitié de toi, car, moi, vois-tu, je suis bon comme le pain.

Inot entra dans une pièce assez obscure et si basse qu'on en touchait presque le plancher avec la tête. Au reste, rien d'insolite à l'intérieur. Une table de chêne, des bancs de même bois autour de la table. Haut sur pieds, un lit à rideaux ramagés, selon la vieille mode.

Aux murs, et collées contre, quelques estampes d'Epinal : le *Juif-Errant, Geneviève de Brabant,* le *Jugement Dernier ;* S. M. Louis XVIII, roi de France et de Navarre; Bonaparte, premier consul; Napoléon en costume d'empereur romain, et debout sur la Colonne; Louis-Philippe Ier, roi des Français; La Fayette en cheveux blancs; Mandrin, Cartouche étendus sur la roue; M. Malborough, porté en terre par quatre z-officiers; Henri IV, armé de toutes pièces et sur son cheval de bataille; Henri V, enfant; Louis XVI portant sa tête à la main ainsi que saint Denis et montant au ciel avec Marie-Antoinette, décollée aussi ; les maréchaux Bernadotte et Soult, en grand uniforme brodé sur toutes les coutures, séparés par une *Sainte Philomène gardant ses moutons* : enfin deux grandes enluminures : le *Jardinier de Sainte-Hélène* et le *Retour des cendres à Paris.* Entassés aux coins des murailles, quelques coffres et plusieurs livres in-folio sur une planche, au-dessus de la huche à demi-pleine de farine. Une oule de terre sur le feu mal éteint et de grands chenets de fer sortant de la cheminée et luisant dans l'ombre. Appendues à la muraille, au-dessus du chambranle de la cheminée, plusieurs armes : un mousquet à rouet, une carabine, un arc, un fusil à pierre, une claymore venue on ne sait d'où, quelques grands sabres ébréchés et rouillés, et puis un briquet dans son fourreau. Bref, en somme, rien qui fût diabolique là, rien, si ce n'est quelques engins : instruments de chirurgie et fioles d'apothicaire avec on ne sait quelles ferrailles de divers calibres et de lourds chevalets de sapin, au-dessus desquels erraient des sabots de cheval encore ferrés et, récemment arrachées des fronts qui les avaient portées, plusieurs cornes de bœuf. Enfin, un trépied! et là-dessus, deux bêtes : un chat noir comme un charbon, avec des yeux flamboyants, accroupi sous un crâne humain; et jacassant sur le crâne, une pie. Ils se tenaient absolument immobiles tous les deux, pie et chat, et leur immobilité de pierre était telle que Guillaume les regardait, intimidé.

— Courage! assieds-toi sur cet escabeau, bouscassié,

dit Escarrolis, heureux du trouble de son client; un peu de patience, ami chéri, je reviens.

En effet, il ne fit que sortir et rentrer; en rentrant, il tenait entre les mains une jolie petite cane grise cravatée de vert et coiffée de blanc, et qui cancannait tout épeurée.

Inot ouvrit de grands yeux.

— Eh! que veux-tu faire de la *bestiote*, mage? demanda-t-il, étonné.

— Silence! huguenot; tais-toi, païen; ne m'interroge pas. Ce que je veux faire ne te regarde pas encore. Je te le dirai tout à l'heure. Mais avant tout, il faut s'arranger. Les bons comptes font les bons amis.

Sur ce, Adam Escarrolis déposa la cane sur un coffre et tendit les deux mains.

— Eh bien! Quoi? demanda Guillaume.

— Appointe.

— Eh!... Que j'appointe?

— On paie les frais d'avance ici; c'est la coutume, pitchou. Baille d'abord une pistole.

Inot tira d'une des poches de sa culotte une petite bourse de cuir à coulisses, y prit une pièce d'or de dix livres et paya.

— *Gratias!* dit Escarrolis, satisfait.

Et traçant avec du blanc d'Espagne un cercle au beau milieu de la chambre, il y plaça Guillaume; ensuite il alla prendre dans un coin du réduit un long roseau vert ainsi qu'un grand missel à fermoirs de métal ciselés.

— Ohé, pitchou!

— Plaît-il?

— Attention! ouvre l'oreille, ferme les yeux et tiens toi tout à fait tranquille, bouscassié de la Cresto des Casses. Il ne faut pas que tu voies ce livre où je vais lire. Autrement l'âme que je vais appeler ne viendrait pas. Et si tout de même elle venait et que tu la visses, oh! cela pour toi, je te le dis, irait très-mal. Il serait capable, Diou me damne! de te brûler les yeux, l'Esprit. Abaisse les paupières... ainsi. Bien, très-bien. Reste comme ça. Ne respire pas trop fort. Ne branle ni doigt ni poil. Y es-tu, bouscassié?

— J'y suis.

— As-tu l'œil bien fermé?

— Sorcier, je n'y vois rien du tout.

— Jure-le.

— Je le jure.

— Alors, je commence.

— Oui, commence, et tout de suite apprends-moi si pour rester avec Janille...

— Innocent, tais-toi donc! ô malheureux, ne dégrafe pas les dents ou le tonnerre se met à chanter et te coupe à morceaux. Avance un peu tes lèvres et baise ce livre saint. Très-bien. Agenouille-toi. Parfait. Ecoute adoncques la prière sempiternelle que je vais dire tout seul.

Guillaume obéit.

— Tiens tes bras en croix! reprit Escarrolis d'une voix sourde et prolongée, à laquelle il s'efforçait de donner un accent lugubre, et répète mot pour mot tout ce que je vais dire. Entends-tu? malheureux pécheur, entends-tu?

— J'entends.

— Une, deux et trois, répète tous les mots après moi. *Guillaume...* allons, répète, dis le nom de Guillaume que tu portes : Guillaume...

— « *Guillaume...* »

— Mon saint patron...

« ... *Mon saint patron...* »

— Assistez-moi...

« ... *Assistez-moi...* »

— Je vous en prie...

« ... *Je vous en prie.* »

— Et vous...

« *Et vous...* »

— Sainte Trinité...

« *Sainte Trinité...* »

— Pardonnez-moi...

« *Pardonnez-moi...* »

— Mes péchés...

« *Mes péchés...* »

— Ainsi...

« *Ainsi...*

— Soit-il...

« *Soit-il..*

— Assez !

« *Ass...* »

— Chut !... A moi, maintenant de parler seul, écoute la prière et frémis de la base à la cime, bouscassié.

Guillaume ne remua plus, et d'une voix lente et forte, Escarrolis pria :

« Ame, qui que tu sois, arrive sur ce papier, et fais-moi lire la page que tu voudras. Ame, par le Père et par le Fils, et par le Pigeon Blanc, autrement dit le Saint-Esprit, ainsi soit-il, je te prie et même te commande d'avancer à l'ordre... Arrive, arrive, arrive ! Eh ! Qu'est-ce que c'est que ça, l'âme ? Avance !... Ici, méchante citoyenne, avance donc, on dirait que tu ne veux pas venir ; *pa, da, bic ; pa, da, bac ; pa, bic ; pa, bac ; pa te te bic ; te bac, tri, trou, rac.....* Ah !

tu te décides enfin, mauvaise âme. » — Bouscassié, ne bouge pas au moins.

Inot n'osait pas respirer. Il éprouvait à la fois la crainte et le désir de voir des choses terribles et monstrueuses lui apparaître. Attentif, il entendit tout à coup gronder les entrailles du magicien et le magicien, agitant son sceptre de roseau vert et prononçant encore des paroles cabalistiques, évoqua de nouveau les morts.

« Ame! montre-moi le feuillet que je dois lire, montre-le tout de suite. — *pa da bic, to, to, to, to, toum!* — Est-ce cette page? non, Ame, tu dis non: Est-ce celle-ci? non pas. Cette autre? non plus. Ah! je vois... ô mon Dieu! C'est celle-là. Comme elle est noire et couverte de sang de chrétiens et de moelle de qêtes. Très-bien! Ame, très-bien... » — Ouvre davantage l'oreille, si c'est possible, bouscassié.

Guillaume essaya d'obéir encore, et l'enchanteur lut à haute voix :

« Que le bouscassié ne pleure pas, ça lui ferait beau-
» coup de mal. Qu'il ne rie pas non plus ; il n'y a pas
» de quoi rire. Il sera peut-être heureux et peut-être
» malheureux ; il y a du pour et du contre ; je n'en
» peux pas dire davantage, saint Pierre et saint Paul
» et sainte Matantette me le défendent : consulte la
» cane, mage. »

... A présent, tu peux regarder, pitchou, l'âme est partie, et tu ne cours ici, pour le moment, aucune espèce de risque.

Inot rouvrit les yeux et ne sut point remarquer, l'ignorant ! que le mage, échevelé, tenait le missel à l'envers.

— Eh bien ! as-tu entendu ce qu'a dit l'âme ? Il faut consulter l'oiselle, bouscassié.

— L'oiselle ? demanda Guillaume, ahuri.

— Tu vas voir.

Ayant saisi de la main gauche la cane, qui se remit à crier lamentablement, Escarrolis étendit l'autre vers le vieux briquet d'infanterie accroché par sa dragonne à la muraille.

— Eh! que vas-tu faire, sorcier?

— Rien que ceci : décapiter l'oiselle.

— Oh! que dis-tu? la décapiter ! Qu'est-ce qu'elle t'a fait?

— Il faut obéir à l'Esprit.

— A quoi ça servira, cela? La pauvre aimable bestiole!

— Il faut qu'elle nous apprenne ton sort, il le faut, bouscassié. Sois tranquille : elle ne souffrira pas beaucoup. Une fois décapitée, elle galopera sans tête et tout en saignant autour de la chambre, et, quand elle ne remuera plus, nous autres, nous compterons les gouttes de sang qui seront tombées de son cou par terre...

— Escarrolis, je ne veux pas que tu fasses du mal à la bestiole.

— Alors, mon brave ami, tu ne sauras rien de ce que tu veux savoir.

— Et pourquoi ?

— Parce que c'est son sang qui nous dirait la chose que tu me demandes.

Inot tremblait.

— Explique-toi, mage, dit-il fort ému, je ne te comprends pas.

— Cervelle de bourriquet et tête de porc, écoute donc... Selon qu'elles seraient arrangées sur le carreau, les gouttes de sang diraient blanc ou noir, ou jaune ou vert, ou rouge ou bleu. Tu m'as l'air de tomber du ciel, animal bête de bouscassié, voyons, écoute et comprends-moi. Si les gouttes de sang sont en ligne droite sur le plancher, bon signe; en demi-rond, mauvais signe; en rond, tout à fait mauvais signe; en carré, bouscassié, tu n'aurais plus qu'à te pendre alors. Allons, décide-toi; parle vite, animal, la décapitons-nous, cette oiselle ? Une, deux, et son bec va voler au-dessus de nous et tu la verras sauter à travers nos jambes, saignante comme un robinet de barrique, et courir, toute guillotinée.

Inot hésitait à se prononcer. On eût dit qu'il craignait de le faire, et même il était devenu tout pâle et frissonnait en regardant la cane qui, fort triste et peut-être aussi très-intelligente, le regardait avec douceur. Enfin, il remua ses lèvres, mais ses lèvres ne firent aucun bruit.

— Oui ou non, bouscassié?

Guillaume songea qu'il sacrifierait tout au monde et donnerait les trois quarts du sang de ses veines pour savoir s'il ne serait pas forcé d'abandonner Janille et dit presque oui. Le mage, solennel comme un pape, tira la lame du fourreau...

— Non, non! Il ne faut pas pratiquer ainsi. Jette ce sabre, sorcier; trouve un autre moyen de me dire la bonne aventure, je ne veux pas de celui-là, tout court. Laisse l'oiseau.

— Soit, à ton aise; mais alors tu aurais aussi bien fait de ne pas venir ici. Qu'est-ce que tu y auras appris, je te le demande?

— Il n'y a donc pas d'autre manière, mage, de m'apprendre quelque chose ; ô mire, ne connais-tu donc point d'autre magie ?

A son tour, Escarrolis devint pensif.

— Une autre, si fait, dit-il après réflexion, en dardant ses yeux avides sur Guillaume ; oh ! ma foi ! si, je connais bien une autre méthode ; seulement, bouscassié, la pistole que tu m'as donnée en arrivant ici n'en payerait pas l'emploi.

Guillaume fouilla dans sa poche et montra derechef sa petite bourse de cuir.

— Et combien te faudrait-il, cette fois, savant sorcier de la Nasse-aux-Vipères ?

— Une pistole encore... c'est-à-dire... deux... Attends !... Trois, au moins, il y a beaucoup, beaucoup de frais.

— Oh ! mage, c'est bien cher !... Encore trois pistoles ! Je vais rester sans un sou, ne put s'empêcher de dire Inot.

—A prendre ou bien à laisser...choisis, ajouta doucereusement Escarrolis, qui, le bon sire, craignait un refus.

Guillaume eût donné sa veste et ses culottes et tout ce qu'il y avait dedans pour savoir enfin son sort et celui de Janille.

— Allons ! tiens ; homme de sortiléges et de maléfices, voilà, dit-il.

Le mage eut peine à réprimer sa joie et promena sur ses lèvres une langue d'un pan.

— Un peu de patience, pitchou, mon bon pitchou, fit-il avec force aimables grimaces et tout plein de tendresses ; il faut, pour l'expérience, que je dise un *Pater* et que j'attise le feu. *Pater... noster, qui es in cœlis...*

— Dépêche-toi, dépêche-toi.

S'étant immédiatement agenouillé devant l'âtre, Escarrolis rapprocha les tisons qui s'y calcinaient et, soufflant dessus avec sa bouche, il obtint bientôt un peu de braise ardente qu'avec de petites pinces il retira des cendres.

— *... Et ne nos inducas in tentationem!* Approche, bouscassié, viens ici, près de moi, tends une main, l'une ou l'autre, la droite ou la gauche, ça ne fait rien à l'affaire.

— Escarrolis, que penses-tu ? tu veux me brûler, à présent, fit Inot en allongeant tout de même ses deux mains à la fois.

Sagace, le mage examina très-minutieusement les doigts, le dessus, la paume de la main droite de Guillaume et sourit.

— Homme, si tu te roussis, prononça-t-il, mauvais signe ; si le charbon ne fait que te piquer un peu le cuir, ça n'ira pas trop mal ; mais si tu ne sens rien de rien, alors, alors tu pourras être content : tes souhaits s'accompliront... peut-être.

Ayant dit, il posa le bout de braise sur le plus épais des durillons qui bossuaient en dedans la main calleuse de Guillaume.

Une odeur de brûlé ne tarda pas à se répandre dans la chambre, mais le patient ne bougea point.

— Eh bien, bouscassié ?

— Je ne sens rien encore, répondit Inot, tout joyeux.

—Attends, ça va venir...» *Ave, Maria, gratiâ plena, Dominus...*

Un léger grésillement se fit entendre : on eût dit d'une feuille sèche se tordant dans le feu.

— Escarrolis ! Ohé !

—Je suis là, monsieur.

— Aïe ! Aïou !

— Ça pique ?... *Ora pro nobis peccatoribus...*

— Un petit peu.

— Bast !... *Nunc et in hora mortis nostræ...*

—Aïe, aïe, ô mon Dieu... Ça me brûle : mauvais signe, Escarrolis... je serai obligé de quitter ma Janille; oh ! quel malheur... Aïou !

—*In nomine Patris et Filii...* Encore un moment de patience, INOUTET, et nous verrons si le feu te brûlera toujours... *et Spiritûs Sancti.*

— Janille, oh ! ma Janillette, il faudra que j'aille à l'armée. Aïe ! A l'armée !... Aïe ! il faudra nous... Aïe !... séparer.

— ... *Amen!* » Séparer ! Peuh ! Ce n'est pas sûr que

vous devez vous séparer, elle et toi. Regarde, dit le mage avec emphase, le charbon est éteint et ne t'a pas piqué beaucoup. A peine si le cuir est un peu rouge et s'il y a de l'eau dans la cloque.

— Oh! ça m'est égal! Le cuir pourrait bien être emporté, dit tristement Guillaume; ce n'est pas ça qui me tourmente...

— Eh!... Eh!... c'est le signe qui te tracasse, certes, je le sais bien. Il y a du pour et du contre... C'est vrai, très-vrai... Rien de décisif!... Ah!... Si tu n'étais pas si pauvre, j'essaierais bien encore de faire autrement parler le sort... Aperçois-tu là-bas ce talisman,... cette fiole?

— Oui, pardi, je la vois.

— Elle contient, avance-toi... ces choses il ne faut pas trop les crier sur les toits, elle contient des larmes de la Marie.

— Ah!...

— Des larmes de la sainte Vierge, oui, pitchou, de la Très-Sainte Vierge!

— Et qui te l'a dit?

A cette demande inattendue, Escarrolis s'interrompit, encore une fois tout attrapé.

— Qui me l'a dit ?... qui me l'a dit ? répéta-t-il, hé ! je le sais.

— Et qu'aurais-tu voulu faire avec ça ; pour voir, explique-toi, mage ?

— Ah, si tu n'étais pas si pauvre !...

— Hélas, je n'ai plus un seul liard, dit Inot vraiment désolé.

— C'est-il vrai, cela ?

— Vrai comme je te le dis.

— Au moins, bien vrai ?

— Pas un seul petit liard. Sans ça ! Je te donnerais bien encore tout ce que tu voudrais, Escarrolis, pour savoir enfin si l'on me laissera vivre tranquille avec Janille.

Apparemment le mage était un bien brave homme, au fond. Il toisa Guillaume de pied en cap et puis, comme vaincu par un nouvel accès de générosité, il lui dit sans plus chicaner et gracieux :

— On doit s'obliger entre amis, pitchou. Donc, comme je suis bon garçon et que tu l'es autant que moi, ça ne te coûtera rien, ce coup-ci.

Cette dernière épreuve fut vite faite, Escarrolis versa trois gouttes d'on ne sait quel liquide noirâtre sur un nouveau charbon enflammé placé de même que l'autre sur le cal le plus dur de la main droite de Guillaume, et la vaporisation eut lieu.

Inot, tremblant, attendait la sentence et regardait attentivement la physionomie en ce moment sérieuse du magicien.

— Que veux-tu que je te dise, bouscassié, la fumée est allée à droite, à gauche, en zigzag, queue en bas, queue en haut; *cubic-cubac!* 69! il y a toujours, mon ami, du pour et du contre. Un autre jour, tu reviendras me voir, et cela réussira peut-être mieux. Nous avons encore beaucoup de magies à mettre en pratique. Une autre fois, si tu as de l'argent, nous consulterons le crachat de saint André, l'urine de saint Magloire et la crotte miraculeuse de sainte Zoé Prédicante. Écoute-moi, tâche de revenir ici la semaine des Trois Jeudis, c'est une bonne semaine pour les Esprits. Ils disent tout ce qu'on veut à cette époque. Et puis, en ce temps-là, je mets toujours une pipe en perce et tu pourrais voir Notre-Seigneur Jésus de Nazareth par le trou de bonde de la barrique .. Allons, il est temps que je te quitte. Au revoir, bonne santé, mon brave ami, je vais à mon travail...

Et le mage, ayant gémi d'une façon toute particulière et murmuré tout doucement : « ici, *Margot!* eh! *Goulut!* » une bruyante palpitation d'ailes ainsi que des miaulements inouïs se produisirent à l'instant même.

— Escarrolis, qu'es aco ?...

Les deux bêtes que Guillaume, en entrant dans la chambre, avait remarquées sur les chevalets de sapin à l'entour du crâne apposé parmi les sabots de cheval et les cornes de bœuf, s'étaient, à l'appel du sorcier, réveillées de leur immobilité léthargique, et toutes les deux, à présent, se démenaient et grondaient à l'envi :

le chat, faisant : « miaou ! miaou ! » monté sur la cruche de l'évier et montrant, tout hérissé, ses yeux jaunes et clairs dans un abîme de poils aussi noirs que la nuit ; la pie étendant ses ailes frissonnantes, juchée au sommet de la tête chevelue du magicien, et, miracle, elle parlait, la pie !

« *Amen ! Amen !* » répétait-elle sans cesse.

Inot recula jusque sur le seuil de la maison et sortit très-impressionné.

—Salut, sorcier, salut !

— Au revoir, et surtout ne te mouille pas, attention à l'eau ! bouscassié, lui cria de loin Adam Escarrolis debout sur le pas de sa porte et montrant le soleil qui cependant rayonnait splendide et brûlant dans l'azur immaculé du ciel.

Inot revint sous bois, assez peu satisfait de l'horoscope et fort morose. Oiseaux de deuil, des étourneaux et des geais lui apparurent à tous les coins de la route, et des merles moqueurs sifflaient autour de lui, pendant qu'il pensait à son sort :

« O misère! ô malheur, après ne pas avoir fermé l'œil de la nuit il aurait bien mieux fait de ne pas se lever à la pointe de l'aube et de ne point se rendre à la Nasse-aux-Vipères. Hier encore une ressource lui restait : consulter le destin et suivre les conseils du mage, qui peut-être seraient bons; aujourd'hui l'Esprit avait parlé, mais parlé pour ne rien dire. A quelle branche, à quelle paille s'accrocher, et que devenir et que décider à présent? Attendre encore, attendre toujours, attendre quoi? Mais il arrivait, il était arrivé le moment d'aller à la *Grande Ville,* d'aller à Montauban passer le conseil de révision, *conformément à la loi.* « Pauvre bouscassié, lui avait dit le médecin, tu es fait au moule, et tu seras, mon cher, j'en ai bien peur, sinon le plus beau grenadier, au moins le plus joli voltigeur de ton régiment. » « Il faut se courber sous les volontés impénétrables de Dieu, penser aux Apôtres et fréquenter Eglises et Curés. » C'est tout ce qu'il avait pu tirer avec beaucoup de peine de son brave parrain le curé de Saint-Guillaume le Tambourineur. « Vingt-cinq cent francs, avait à son tour déclaré le langoyeur, ne se trouvent pas sous le pied d'un cheval, aussi tu peux aller à l'armée ; il ne te reste rien de mieux à faire. » « Il y a du *pour* et du *contre* » avait enfin prononcé le mage ; il y a du pour et du contre, ce qui voulait dire à coup sûr : tes peines ne sont pas finies, et tu en auras encore bien d'autres, pauvre malheureux !... O Janille ! pauvre Janille ! Elle allait venir au bois, il la verrait, lui, Guillaume, avant le coucher du soleil, il pleurerait avec elle, il l'embrasserait encore une fois : il l'embrasserait *comme du pain,* et puis... elle s'en irait, reviendrait à Sainte-Livrade. Et se reverraient-ils jamais, eux deux ? O misère ! ô malheur ! ô misère ! »

Hélas ! ce fut avec ces diverses idées se reproduisant sans cesse sous mille et mille figures qu'il arriva découragé tout plein à la Crête-des Chênes. Sombre et chancelant, il entra dans sa cabane, en ressortit presque aussitôt, la cognée à l'épaule, et se dirigea vers une garenne qu'il eut bientôt atteinte et dont il se mit à désobstruer les terriers si fort endommagés par un récent éboulement que les lapins n'y pouvaient plus entrer, « les pauvres petits ! » Autant par charité que pour tromper le temps, il travailla sans répit avec acharnement jusqu'à la tombée du jour. Et puis, se disant que Janille devait être en route pour le rejoindre, et que sans doute il allait bientôt la voir venir, il gagna d'un coup de pied la lisière de la forêt, et là, considéra fort attentivement les chemins de traverse passant entre les innombrables mamelons dont est toute bossuée la campagne du Bas-Quercy.

— C'est encore trop tôt, se dit-il, la Janille n'arrivera que sur le tard.

Deux sentiers menaient de la plaine sous bois : l'un traversait une moraine et s'élançait en droite ligne vers les hauteurs; l'autre contournait les rampes comme un escalier en spirale, et s'il était moins roide, il était aussi bien plus long que le premier : « A coup sûr, elle prendra le plus court des deux. » Et, après avoir examiné les deux chemins montants et s'être bien assuré qu'ils étaient déserts l'un et l'autre, Inot s'assit sous un cormier, au tronc foré duquel bourdonnait et chantait une ruche d'abeilles en travail. Du sommet du plateau forestier, il plongeait sur la vallée et ses yeux pouvaient s'étendre non-seulement jusqu'à la Borde-Noire, au ras de laquelle Janille devait forcément passer, mais encore jusqu'au castel de Sainte-Livrade dont, entre deux vallons, on voyait au loin, dans le ciel bleu, les fines et charmantes tourelles assises sur un des bords escarpés du Tarn.

— O soleil! murmura-t-il, ô pays!

Il avait fait, durant toute la journée, une chaleur des plus accablantes. Vertical et blanc comme au temps de la canicule, le soleil avait tellement chauffé la terre, qu'elle s'était fendillée et par places entr'ouverte sous le feu des rayons. Au soir, la température avait un peu fraîchi. Tout au loin, un petit point noir, qui, depuis plusieurs heures, s'était formé à l'horizon, grossissait et menaçait. Quelques gouttes d'eau qui tombèrent, roulant de ci de là comme des boules, furent si vite absorbées par le sol, qu'elles n'y laissèrent nulle trace. Un instant après, tout le ciel se rembrunit en un clin d'œil et se brouilla. De grandes nues couleur de rouille se firent fuligineuses, et le soleil y apparut comme un orbe de fer incandescent au milieu des fumées d'une forge. Il semblait vironner sur lui-même ainsi qu'une roue de char. Les arbres et les hautes herbes frissonnaient sous une bise qui soufflait par intermittences et venait du nord. Plus larges et plus lourdes, les gouttes de pluie claquaient en s'aplatissant sur la terre, qu'elles semaient d'éclaboussures.

Inot eut froid, et remit sa veste de bure, qu'au fort de la chaleur, il avait jetée avec sa hache au pied d'un églantier.

— Oh! pardi! se dit-il naïvement, en me recommandant de ne pas me mouiller, il savait bien, le mage, qu'il pleuvrait! Il pleut, et beaucoup; il va même pleuvoir encore davantage.

En effet, il plut bientôt à torrents. La bise devint

rafale, la rafale, orage ; les tiges et les feuilles cliquetèrent sous l'averse ; le tonnerre gronda dans la nue. A peine si, parfois, l'on apercevait, amalgamées dans l'ombre, à l'horizon, les lignes superposées des collines, où, naguère, de violentes silhouettes s'enlevaient en noir sur le fond enflammé du firmament. Des rumeurs de tempête sortirent du fond des bois : la campagne apparaissait tout à coup distincte entre deux éclairs et s'évanouissait aussitôt comme une vision. Il était impossible que Janille vînt en forêt par un temps pareil. Hélas ! Inot ne l'espérait plus, et, fort affligé, se désolait.

— Tout m'en veut, s'écriait-il au milieu des éclairs et sous la pluie battante ; oui, tout, et même le Lustre de là-haut.

Heureusement, le ciel se rasséréna comme par miracle. Un arc-en-ciel allongea sa courbe immense dans la nue, et, l'orage apaisé, des fils de la Vierge montèrent épars dans l'air et le soleil reparut soudainement avec toutes ses magies. A la cime des coteaux, comme au fond des ravins, il y eut des reflets d'incendie; un rossignol, sous les branchages, salua l'éblouissement du couchant comme il eût salué l'aurore. Au même instant, Inot, qui fouillait de l'œil les sinuosités du val, vit ou crut voir un point blanc bouger à travers la moraine.

« Si c'était elle! Si c'était Janille! »

Une femme!... il ne se trompait pas, c'était bien une femme qu'il apercevait... Oh! ce ne pouvait être qu'Elle; ce devrait être Elle... C'était Elle! Et, fou d'espérance, il s'élança dans le chemin creux, et poussa bientôt après un cri de joie : il avait reconnu Janille, sa Janille, qui grimpait le sentier, agile et souple comme une chèvre. Aussi jaunes que le soufre, une dizaine de papillons voltigeaient gracieux autour de son front et, tantôt, ils se posaient sur ses yeux bleu de ciel et tantôt sur ses lèvres saines et vives comme des fleurs nouvelles.

Elle était tout en blanc et pieds nus, ainsi que les femmes qui travaillent aux champs, et n'avait point, ce jour-là, ses pendeloques d'or. Tombant à peine au-dessous du mollet, ses jupes de toile laissaient à découvert ses jambes fines et nerveuses que le soleil avait roussies, et qui portaient à la cheville des bracelets de terre ; ses orteils, polis par la pluie, souriaient du bout de l'ongle. Elle avait marché vite, elle suait un peu : sa camisole s'était moulée sur ses seins, dont on voyait darder les pointes, et qui, délicats sans être mièvres, robustes sans être balourds, transparaissaient roses et fermes comme des boules de grès. Un bouquet de verveine et de romarin était piqué à sa ceinture, et sous la peau couleur d'orange de sa gorge ouvrée et si bien ciselée, et si bien ajustée, ô merveille ! par l'innocente nature, se ramifiaient mille petites veines bleues que le travail avait légèrement gonflées. Arrivée au haut de la rampe, elle ôta sa capeline de paille, et ses cheveux, aussi pesants, aussi roux que les épis en juin, lui ruisselèrent sur les épaules, encadrant son visage au milieu duquel, fraîche et rouge, la bouche éclatait comme un coquelicot au milieu des blés mûrs : Inot ne l'avait jamais trouvée si jolie.

— Janille, ma Janille, lui dit-il en l'embrassant, on n'a jamais fait d'image qui te vaille, et ceux qui peignent les murailles au dedans des églises devraient bien me tirer ton portrait.

Ayant lâché le râteau qu'elle avait sous l'aisselle, et posé sur l'herbe des marguerites blanches et des boutons d'or frais cueillis qu'elle portait dans son tablier de toile de linon, à son tour, elle embrassa Guillaume, mais si tristement qu'il craignit que quelque chose de mauvais pour eux ne fût encore survenu.

— Eh! qu'as-tu donc, *amiguetto* (petite amie)? interrogea-t-il, troublé.

— Je t'avais promis de venir et me voici, répondit-elle ; je pense qu'à présent tu ne me diras plus, méchant, que je ne suis pas franche, que je ne suis pas loyale.

— Lorsque j'ai dit cela, j'étais si malheureux, Janille, et, cet homme, le langoyeur, m'avait fait tant de mal!

— Il a pu, Guillen, te faire douter un moment de moi, lui...

— Sa langue est si fine.

— Oui, mais toi, supposer et croire que je suis capable de te trahir, oh! quel crève-cœur pour moi, si tu savais, Guillen !

Ce reproche amer fut tout aussitôt corrigé par un tendre sourire.

— Allons, viens, reprit-elle en lui prenant les mains et l'attirant doucement sur son sein; avance, viens, je ne t'en veux pas.

Ayant bien entrelacé leurs doigts, ils se mirent à marcher à travers les lichens et la bruyère. Unis, ils allaient d'un même essor, et leurs bras, simultanément balancés, marquaient l'allure. Pour la première fois, depuis que Guillaume avait quitté Sainte-Livrade, ils se trouvaient seuls, bien seuls. Ils se sentaient, tous les deux, et tout troublés et tout changés. Une foule de désirs qu'ils ne connaissaient pas jadis les assaillaient à chaque instant, et dans leurs veines courait avec le sang quelque chose d'endormant et de doux. Avec non moins d'effroi que de plaisir, ils s'entendaient soupirer et ne savaient trop quelle contenance garder lorsque leurs regards qui s'attiraient irrésistiblement se rencontraient tout à coup. Etonnés et tout alanguis, sous leurs paupières mi-closes et qui s'alourdissaient sans cesse davantage, ils voyaient, non sans trouble, leurs prunelles noyées en des gouttes limpides qui n'étaient pas des larmes. Ils ne savaient que se dire, et ne trouvant même pas de mots pour traduire ce qu'ils éprouvaient, ils se parlaient du regard et du geste. Oh! s'ils n'étaient pas aussi simples, ils étaient aussi timides, et peut-être encore plus qu'autrefois. A certains moments, ils avaient peur de ce que réclamaient leurs doigts, de ce que disaient leurs yeux. Hors d'eux-mêmes, et la même inquiétude amoureuse harcelant leurs âmes, ils tremblaient l'un et l'autre comme la feuille, lorsqu'ils entrèrent embrassés en forêt.

Enveloppés de l'éclat du couchant, trouvant la lumière de la cime de leurs fûts rigides comme des mâts, les arbres offraient à l'œil les teintes rubescentes des coraux, et semblaient, vus à distance, avoir la transparence du cristal. La ramée était pleine de musiques et portait un monde de chanteurs ; le rossignol y donnait la réplique à la fauvette ; les verdiers, les linots, les chardonnerets, les rouges-gorges et les pinsons tenaient le chœur, et les moineaux ponctuaient les trilles des solistes. A la pointe de chaque feuille et de chaque brin d'herbe miroitait et frissonnait un globule de pluie, et l'air était imbu de moiteurs balsamiques. Ecoutant le bruit de leurs pas et les battements de leur cœur, Inot et Janille allaient en silence et voyaient fuir devant eux des perspectives tout en pourpre et tout en azur et profondes comme la nuit. Tête baissée, ils traversaient des massifs qui leur barraient l'horizon, et lorsqu'ils relevaient le front, ils apercevaient brusquement à droite, à gauche, en avant, en arrière, à travers les taillis, des pans de ciel qui semblaient crouler dans les buées crépusculaires. Elle ouvrait de grands yeux, et lui, heureux de la voir admirer les choses qu'il aimait, souriait d'aise. Ouverte aux sensations, et bien à son insu prédisposée à les goûter toutes, elle cherchait à s'expliquer et pourquoi les bois ne lui avaient jamais paru si larges et si creux, et comment il se faisait qu'elle fût si fort frappée à présent de leurs beautés, au milieu desquelles elle était pour ainsi dire née, et qui jusque-là l'avaient toujours trouvée ou laissée à peu près indifférente. Emu non moins qu'elle-même, et parce qu'elle l'était, et surtout remué de la voir toucher avec attendrissement aux arbres vénérables auxquels il avait si souvent conté ses tourments et ses joies, Inot la guidait tout doucement parmi les végétations et s'y frayait bien vite un passage, la forêt lui étant aussi familière qu'elle l'est au chevreuil et qu'elle l'est à l'oiseau. « Prends garde, disait-il en sondant le sol avec sa cognée, ici, le terrain manque sous la brôme; et là, la vase abonde. Attends! va doucement, prends garde! Défie-toi des acacias, ils égratignent, les méchants! Ne passe pas trop près des arbousiers, ils pleurent et leurs larmes sont poisseuses. »

Et Janille, dont le trouble augmentait à mesure que l'ombre se faisait plus épaisse, admirait en passant les hêtres royaux bien assis dans le sol et trônant avec tranquillité, les aliziers criblés de fleurs blanches, les maigres cornouillers, les houx, les buis, les bouleaux, les peupliers grêles et droits, les frênes au feuillage d'argent, les arbres-nains, les noirs pommiers de montagne écarquillant, tout rachitiques et tout gibbeux, et tout nabots, leur mille petits bras fourchus et durs, les ormes poudrés de mousse, les pins et les mélèzes aux cheveux rêches, les sorbiers aux têtes pyramidales et touffues, les noueux et noirs érables, et les sauvages genévriers, accroupis en groupes, et, seuls entre tous les arbres déjà fleuris, méditant encore leur floraison prochaine.

— Oh! dit-elle! comme c'est beau!

Le soleil allait s'éteindre.

Appuyés doucement l'un à l'autre, ils montèrent la pente d'un grand mamelon, au sommet duquel bourdonnaient de hautes masses de verdure et d'où s'échappait, rayonnant, tout un réseau de sources plaintives. Ils étaient seuls, tout seuls ; leurs souffles se confondant et leurs doigts se mêlant, ils s'entendaient avec bonheur respirer ensemble, ils prenaient à se toucher un plaisir sans bornes. Autour d'eux mille voix graves et douces bruissaient sous bois, et la nuit qui descendait lentement, très-lentement, donnait aux choses cette grandeur auguste et sereine dont les êtres s'émeuvent.

— Tiens !... regarde, dit-il, lorsqu'ils eurent atteint la crête de l'éminence, regarde en bas, à tes pieds, Janille.

— Oh ! fit-elle, quel nid !

En effet, c'était un nid que la Guirlande-des-Chênes, un nid de cent mètres de profondeur, large d'autant. Les bords en étaient habités par les patriarches de la forêt, chênes dix fois séculaires qui lui faisaient en même temps qu'une margelle tout empanachée, un dôme de feuilles semblable, vu d'en bas, à la voûte d'une cathédrale avec ses arceaux, ses arêtes, ses nervures et ses hauts contre-forts. On y descendait par un talus naturel où Guillaume avait depuis longtemps pratiqué des marches, et l'on n'en touchait le fond qui recevait les racines des grands arbres assis à l'orifice, qu'après s'être enfoncé dans une mer de fougères. Tous les oiseaux des bois y peuplaient, et la flore forestière y régnait dans toute sa sauvage splendeur. On était au printemps : le travail de la germination et les épousailles des oiseaux y avaient lieu conjointement, tout y parlait mariage : et les branches qui s'enlaçaient, et les fleurs qui se cherchaient, penchées sur leurs tiges, et les mousses entr'ouvrant leurs urnes, et le lierre qui se collait étroitement autour des troncs des chênes, et les liserons curieux de se poser partout où ils pouvaient prétendre, et les ronces qui s'alliaient indissolublement, et les ramiers allant par couples, heureux d'être unis et s'unissant sans cesse, et les mille parfums des plantes qui se pénétraient l'un l'autre, et les insectes s'endormant ivres et pâmés dans les calices des fleurs, et les bourgeons impatients d'éclore, et la rosée coulant jusqu'aux matrices de la terre, et la lune elle-même, enfin, insinuant au plus épais de l'ombre la caresse invitante et molle de ses rayons, et sous laquelle s'accomplissait le prodige des conjonctions universelles.

Elle, Janille, en extase et prise d'une sorte de vertige, écoutait avec épouvante les végétations fermenter au-dessous d'elle, en bas, tout en bas, dans la profondeur.

— Approche, viens, petite, dit Guillaume à voix basse, allons nous asseoir tous les deux au fond du trou, sur la sauge.

Elle lui mit les bras autour du cou, et comme ils dévalaient au doux roucoulement des palombes amoureuses, elle aperçut parmi de hautes herbes aquatiques un étang qui, sous les premières lueurs émises par les étoiles, luisait comme un miroir d'étain. Ourlé de nénuphars et parsemé de glaïeuls, il laissait voir, limpide, les algues et les plantains se mariant étendus sur les ouates de son lit. L'eau, que perçaient de ci de là les glaives courbes de l'iris, réverbérait et montrait à rebours des trembles, des charmes et des aulnes inclinés vers elle, et l'ombre de chaque arbre réfléchi paraissait avoir un corps et vivre et frissonner comme l'arbre lui-même.

— Si tu n'étais pas avec moi, Guillen, dit-elle, j'aurais peur.

Et ses yeux étaient attirés aux grands chênes proférant leurs membres au ciel et planant au-dessus d'elle ainsi qu'une immense couronne. Inot, qui marchait comme marche dans un temple le prêtre qui croit y avoir vu Dieu, s'arrêta. Les gazons, détrempés par les eaux pluviales, étaient çà et là semés de flaques obscures; la terre s'émiettait et fuyait sous ses pieds. Ayant pris Janille sous les aisselles, il la porta délicatement et tout rempli de piété, sur un tertre entouré de roseaux et qui s'élevait comme un autel entre deux saules. Et les saules chenus, vêtus de lierre et de mousse et les bras écartés, ressemblaient autant à des vases qu'à des candélabres. On entendait dans leurs troncs, absolument creux, bruire et frémir quelque chose.

— C'est la sève ! dit Inot, qui se laissa tomber sur les pimprenelles et les marguerites à côté de Janille. Elle lui prit les mains, et tous les deux, au milieu du silence et de la nuit, ils s'écoutèrent religieusement vivre et s'aimer.

Un grand moment après, Janille, tout émue, parla la première.

— Dieu ! que nous serions heureux ici, nous autres, et quel dommage qu'on ne veuille pas nous y laisser vivre ensemble !

— Oui, quel dommage ! répéta-t-il avec le regard de ceux qui remontent péniblement du rêve à la réalité

— Quand tu seras parti, tu ne m'oublieras pas, au moins, Guillen ?

— Parti !... Que dis-tu, la mienne amie ?

— Je te demande si tu m'aimeras toujours quand tu seras à l'armée ?

— Toujours, oui, toujours ; tant qu'il y aura des arbres sur la terre et des étoiles là-haut, je t'aimerai, mienne, je te le jure par notre père Rouma, qui dort, le pauvre ! au fond de l'eau.

— Je te crois et te fais aussi le même serment ; aie confiance, et quand tu passeras la frontière pour aller chez l'ennemi, tu sauras qu'au pays ta Janille pense à toi toujours. Et moi je me dirai que tu ne songes pas du tout à l'Espagnole, à l'Italienne, à l'Allemande, ni à aucune de ces étrangères que l'on dit si belles et si tendres aux Français.

— Oh ! Janille ! ma Janille ! faudra-t-il donc que moi, je parte ?

— Hélas ! Seigneur Dieu ! dit-elle, comment faire autrement ?

— Mais si je m'en vais, si je te quitte, si je quitte mon pays, le chagrin me fera mourir avant que je reçoive mon congé.

— Tu ne mourras pas, Guillen, je ne le veux pas, moi ! Vois-tu, je prierai tant le bon Dieu qu'il te protégera contre le sabre et le canon des ennemis, et j'attendrai ton retour.

— Sept ans ?

— Je t'attendrai plus longtemps, si par malheur, il le faut ; je te le promets par la Marie tout habillée d'azur et d'or, et blanche.

— Et moins aimable que toi, j'en suis très-sûr, quoique je ne l'aie jamais vue, fit Inot avec conviction.

— Écoute, reprit-elle, écoute-moi bien, je vais te conter une chose qui s'est passée à la maison : Hier, à la vesprée...

— Hier ?

— Oui, hier, après que nous fûmes arrivés de la Foire des Chiens, il y eut une grande explication entre la mère et l'oncle. Ils parlèrent de ce qui s'était passé dans la journée et de ton courage en face du taureau qui nous poursuivait tous les deux. Et dans la soirée, après souper, ils recommencèrent à causer, me croyant endormie. La porte de ma chambre était ouverte, ils parlaient fort, et je les voyais et les entendais bien.

Ils étaient à table, assis vis-à-vis l'un de l'autre, et la mère répétait toujours : « Il n'y a que ce moyen de tirer le bouscassié de la tête de la petite, c'est le seul. » Et l'oncle finit par dire à la longue : — « Tu as raison, Roumanenque, il faut, bon gré mal gré, prendre ce parti ! J'ai l'affaire de la nièce... Un gaillard qui a des écus et qui n'est pas si mal... Avant quinze jours, si tu veux, Janille sera mariée. » Entendant cela, moi, je me levai tout de suite et me montrai, sans barguigner, à moitié nue. « Oncle, et vous, mère, leur dis-je à tous deux; écoutez-moi; Guillen m'a sauvé la vie deux fois, la première, en tuant un chien enragé qui voulait me mordre; en ce temps-là, mon pauvre père Rouma vivait encore ; la seconde, hier, en terrassant un taureau qui, sur la route, avait déjà blessé beaucoup de monde. Ainsi donc, vous le voyez, il est juste que j'épouse celui qui m'aime et que j'aime aussi ; je suis à Guillen, et ne veux être qu'à lui ; voilà ! » Ma mère ne répondit rien à mes paroles, mais l'oncle dit : « Tout ça, c'est des chansons !

Épouse, si tu veux un galérien *monnoyé*, mais non pas le bouscassié qui, misérable comme Job, est à *patiras* et n'a pas le sou. »

— Tonnerre du ciel ! il a dit cela ?

— Cela.

— Quoi ! Fonsagrives, ce langoyeur, ce serpent, ce scorpion a dit cela !

— Comme je te le dis, Guillen.

— Il a osé !... Qu'il ne passe jamais, jamais sur mon chemin !...

— Oh ! Guillen, il faut se contenter d'avoir pitié de lui. Tu ne lui feras aucun mal. Il est vieux, et puis c'est l'oncle. Dailleurs, ne te trouble pas. A ma mère comme à lui, je résisterai quand même et toujours, avec l'aide du bon Dieu.

— Le bon Dieu ! dit Guillaume dont les yeux interrogateurs scrutèrent en vain de toute parts la voûte étoilée du ciel.

— Aie confiance, insista Janille, je n'aimerai jamais que toi, toi seul.

Il y avait de la résolution dans son accent, une expression intrépide, douloureuse, dans ses regards, comme si elle allait accomplir un sacrifice. A son cou pendait une petite médaille de cuivre. Elle la baisa pieusement et se réfugia davantage entre les bras de Guillaume, qui la sentait frémir et murmurer une prière.

Le nid était plein de vibrations, d'aromes et d'étoiles. Tout s'étreignait et se caressait au ciel comme sur terre, et l'air imbu de tiédeurs était comme imprégné d'amour. La nature entière s'ouvrait avec recueillement aux efforts de la sève et concevait la végétation nouvelle. Arbres et gazons frissonnaient dans la nuit. Un souffle immense et doux ondulait et bruissait à travers la forêt.

— Ami, je t'aime, dit Janille, qui, défaillante, se faisait toute petite sur le sein de Guillaume, oui, je t'aime.

Il se pencha sur elle, embaumée, et la respira longuement.

— Non, non, je n'ai jamais senti dans les bois une fleur si douce.

Elle sourit. Leurs yeux se touchaient presque. Il était en elle, elle était en lui. Tremblants, ils se regardèrent en admiration et se virent jusque dans l'âme et jusque dans l'idée.

— Ami, brave ami, ne me regarde pas ainsi, dit-elle.

Sans pouvoir rien répondre, il lui baisa les paupières avec ferveur; elle voulut et ne put se rejeter en arrière, et sa bouche fut frôlée du duvet appétissant et frais qui foisonnait aux lèvres de l'époux.

— Sainte Marie! soupira-t-elle; oh! Sainte Marie Virginale!

Une tiède brise abaissa vers l'autel de gramens les grands bras des saules et les longs cheveux des roseaux. Un rossignol chanta. Les hautes herbes embaumaient. Il sortait de l'encens du calice des fleurs. Immaculé comme l'Hostie, le disque de la lune apparut argenté dans le ciel. Au loin, tout au loin, les cloches de quelque église forestière sonnaient la Bénédiction.

« Ils communiaient. »

— Guillen, dit-elle enfin, heureuse et toute honteuse de leur bonheur, Guillen, la lune nous regarde.

— Elle peut bien nous regarder, nous ne faisons rien de mal.

Ayant baissé la tête, Janille eut le premier sourire heureux de la femme.

— Que ton cœur bat fort, fit-elle en appuyant une de ses tempes à la poitrine de Guillaume, et d'une voix si douce qu'à peine il l'entendit ; écoute, et tu l'entendras ; il parle.

— Comme le tien, répondit-il de même ; écoute aussi, toi.

— J'entends, oui! je les entends; ils se parlent tous deux.

Éperdus, naïfs, ils s'écoutèrent respirer, et quand, joyeux de s'entendre vivre, ils relevèrent le front et se virent auréolés des feux lunaires, ils s'écrièrent ensemble, en joignant les mains :

« Que tu es beau, Guillen ! »

« Que tu es belle, Janille ! »

Et pendant qu'ils s'admiraient l'un l'autre, d'eux-mêmes éblouis, la Guirlande-des-Chênes ondoyant à travers l'éclat de la nuit, semblait prête à se détacher de l'espace et à descendre sur leurs fronts, efflorescente et grandiose couronne conjugale.

« Qu'ils étaient heureux ! De même qu'ils voyaient mutuellement luire leur image au milieu de leurs prunelles, ainsi chacun d'eux apercevait sa propre joie réfléchie au fond de l'autre. Et comme ils se comprenaient! Que de choses ils avaient apprises déjà! Combien ils en apprenaient encore à chaque instant, et que ces choses étaient bonnes ! Ils osaient s'aimer, enfin ; ils n'avaient plus peur, lui d'elle, elle de lui, plus peur du tout. A présent, ils étaient braves. Aussi, comme ils se souriaient en songeant aux jours passés, et avec quelle confusion malicieuse et charmante ils détournaient leurs yeux qui disaient : « Autrefois, hier encore, nous ne savions pas. » Ils savaient aujourd'hui. Qu'il était doux de savoir ! Et qu'il était bon d'aimer et d'être aimé ! S'aspirant, se pénétrant, se buvant, ivres d'eux-mêmes, se touchant de l'esprit comme du corps, heureux autant qu'on peut l'être, ils ne rêvaient rien de meilleur que la félicité dont ils avaient l'âme pleine. Il n'y avait rien, rien sous le ciel de si doux que Janille pour Guillaume ; il n'y avait rien, rien de si doux sur la terre que Guillaume pour Janille ; elle était pour lui la Reine du monde, et pour elle, il en était le Roi ! »

— Dis, est-ce que tu as froid, la mienne ? Tes mains

sont gelées, dit-il, en la baisant ainsi qu'un dévot baise une relique.

— Non, répondit-elle subitement rembrunie, oh! non, je n'ai pas froid, mais je pense qu'il se fait tard, répondit Janille.

— Tard! répéta-t-il, comme s'il cherchait le sens d'un mot absolument inconnu.

— Vois. Les étoiles là-haut, disent l'heure. Il est très-tard... Hélas! Guillen, il me faut revenir à la maison,

— Il ne pouvait pas durer, misère de moi! notre contentement! Non, il ne pouvait pas durer : il était trop fort pour cela.

— Ne te tourmente pas de cette manière ; je reviendrai souvent ici, tous les jours si je peux, si tu veux. Au nom de Dieu, pour l'amour de Dieu ! ne te fais pas de la peine.

— Y penses-tu ? Nous quitter, Janille ! Y penses-tu ?

— Va ! je donnerais bien tout au monde pour empêcher ce malheur.

— Je le sais, je veux le croire et je le crois, j'en suis sûr, et pourtant... et pourtant... Oh! que je suis à plaindre, Janille.

— Guillen, mon ami, mon brave ami, ne pleure pas, dit-elle en pleurant elle-même, je ne veux pas que tu pleures, moi !

— Soit ! plus de larmes ! fit-il avec un immense effort sur lui-même, et puisqu'il le faut, allons-nous-en d'ici.

L'ayant prise par la main, il l'aida à descendre du tertre pour eux sacré désormais, et tous deux ensemble allant de nouveau à travers la verdure, et marchant tristes dans la lavande et dans le thym, ils gravirent côte à côte la rampe intérieure de la Guirlande-des-Chênes. Ensuite, après avoir retrouvé, lui sa cognée, elle son râteau, que, de concert, ils avaient déposés au seuil du nid, ils reprirent à travers bois la route qu'ils avaient déjà suivie à la tombée de la nuit. Encore qu'ils allassent très-lentement, et que la lisière de la forêt fût assez éloignée de la Guirlande-des-Chênes, il leur semblait pourtant que le chemin était devenu bien court, et Janille, ayant le cœur gros, examinait Inot, qui ne parlait point et marchait à pas inégaux, absorbé.

— Qu'as-tu, *meou* Guillen? disait-elle de temps à autre.

— Rien, répondait-il invariablement, et son visage anxieux s'assombrissait toujours et toujours davantage à chaque pas.

Ils venaient de sortir du bois et, tout pâles et tout défaits, ils s'avançaient en silence vers le sentier de la moraine.

— Adieu! Guillen, aime-moi, pense à moi, fit-elle en l'étreignant de toutes ses forces et la gorge grosse de larmes.

Il la repoussa presque avec dureté, disant :

— Tiens-toi!... Marche, je veux t'accompagner jusqu'à la plaine.

« Qu'est-ce qu'il a, mon Dieu! qu'est-ce qu'il a, le pauvre? » se demandait-elle affligée et pendant qu'il chancelait et trébuchait au milieu des genêts, en poussant de profonds soupirs.

— Janille, s'écria-t-il au bas du chemin creux, et comme ils passaient devant la haute croix de pierre qui en marque l'issue, comment veux-tu, Janille, je te le demande, que nous nous séparions, nous autres, à présent ?

Elle ne sut que répondre : ces paroles sonnaient sa propre pensée. A ce moment même, elle s'avouait ingénument que depuis qu'elle s'était donnée à Guillaume et qu'il l'avait possédée, il lui était beaucoup plus cher qu'auparavant et qu'elle ne saurait jamais plus se passer de le voir chaque jour.

— Aller à l'armée ! y rester sept ans ! Je ne le pourrai pas !

Et s'étant laissé tomber au pied d'un bouquet de sureaux, il se lamentait et ne voulait pas être consolé.

— Laisse-moi, Janille, laisse-moi, répétait-il sans cesse.

— Seigneur Jésus ! ayez pitié ! faisait-elle en élevant au ciel ses mains jointes ; ayez pitié de lui, Seigneur Jésus !

— Ecoute, dit-il brusquement, avec on ne sait quoi de farouche dans la voix et de crispé dans le geste ; écoute, Janille : on m'a conté, je ne sais où, que quelquefois ceux qui se quittent en se disant : Au revoir ! ne se retrouvent plus, jamais plus.

— Hélas !

— Oui, l'on dit que tantôt c'est l'homme qui oublie son amie et que tantôt c'est la femme qui prend un autre amant. On m'a dit cela. Je ne voulais pas y croire. Il paraît tout de même que c'est vrai. Qu'en penses-tu ? Qu'en dis-tu ?

— Je ne sais pas, moi, Guillen.

— Janille, Janille, dit-il en promenant sur elle des regards amoureux et cruels, il n'est pas possible que tu me tires de ton cœur ; il n'est pas possible que tu me trahisses, toi ! Je ne peux pas croire que tu sois capable de faire ce qu'ont fait celles dont on m'a parlé. Vois-tu, Janille, aussi vrai que je t'aime un millier de fois plus que moi-même, si tu m'étais infidèle, je te ferais repentir de me l'avoir été. N'aime jamais que moi, Janille, rien que moi, rien que moi. Par le lustre de là-haut ! s'il te prenait le caprice d'être aimable à quelqu'un d'ailleurs ou d'ici, celui-là, Janille, je le trouverais, soit la nuit, soit le jour, et je le ferais mourir, et je tuerais, après lui son père et sa mère, et ses parents et ses amis. Eût-il autant d'années à vivre que ce noyer que voici a de fleurs, je les lui prendrais toutes, toutes jusqu'à la dernière, et ma cognée mettrait à lui scier le cou, autant et cent fois plus de temps qu'elle en met à égorger un arbre et bien dur et bien vieux. Et toi, Janille, et toi ! Tu me verrais si malheureux que ma peine te ferait souffrir et que tu me supplierais à genoux de faire taire mes souffrances pour adoucir les tiennes. Mais moi, je me tourmenterais sans cesse et tu m'entendrais te dire à tout moment : Gémis de mon malheur et du tien, gémis éternellement, Janille ; gémis jusqu'à ce que les arbres, tournés à l'envers, se tiennent debout sur leurs cimes et montrent leurs racines au soleil !

Blanche comme un cierge, à genoux au milieu du sentier de la moraine, Janille n'avait ni souffle ni voix.

— Réponds, fille de Rouma, ordonna-t-il, il faut que tu répondes.

Elle porta la main à sa gorge et fit signe qu'elle ne pouvait pas parler.

— Et moi je veux que tu parles, et, par le Dieu ! tu parleras.

Il était blême, il la secouait et la meurtrissait d'un bras barbare.

— Que veux-tu que je fasse, le mien ami ? demanda-t-elle enfin, pleine d'obéissance, et que veux-tu que je te dise ?

— Ce que tu penses.

- Ah ! tu ne le sais donc pas ?

— Vite, dis vite.

— Je pense, le mien ami, reprit-elle en le regardant avec idolâtrie, je pense que j'aimerais mieux mettre à mourir tout le temps que tu resteras à l'armée, plutôt que de lever l'œil sur *un* qui ne fût pas toi ; je pense que je donnerais les prunelles de mes yeux pour que tu ne te désoles pas ainsi ; je pense que je t'aime de tout mon cœur, et que je t'aimerais toujours autant, même si tu me faisais du mal.

— Elle dit qu'elle m'aime, et, si je pars, elle est capable de me trahir, grommelait-il, en toisant le ciel.

— Te trahir, moi ! Par la Marie conçue sans péché, je ne suis pas assez méchante pour faire celui-là. Seigneur ! Notre-Seigneur ! Quelle misère sans pareille est la mienne ! Ne t'arrache pas les cheveux et ne te roule pas comme ça, mon ami, sur les sureaux que tu mords... Je te dis, Guillen, je te dis et te répète, que je t'aime au point de te donner tout ce que j'ai, si je ne te l'avais pas donné déjà. Tu ne te rappelles donc plus ? Mon Dieu ! il ne se souvient pas que je l'aime à en perdre l'esprit. Il ne se souvient pas que je suis sa femme, que je suis sienne, tout à fait sienne.' Il ne se souvient de rien. Il pleure, et pourquoi?... Ne pleure plus. Ami, mon ami, mon bon ami ! Oh ! comme tu pleures, Guillen. Ecoute-moi donc, écoute-moi, donne-moi, que je les essuie, tes yeux, tes pauvres jolis yeux qui pleurent et qui saignent. Je t'en prie et t'en supplie. Ami de mon cœur, entends-moi comme il faut ; crois à ce que je te dis, crois-y, c'est la vérité, la vérité pure de mon âme : je serai toujours la tienne, et jamais celle d'un autre.

— Un autre !

Il eut un cri sauvage et brandit sa cognée.

Elle répéta :

— Non, jamais celle d'un autre.

— Un autre ! Elle a dit un autre ! Elle a pu dire cela.

— Fais de moi ce que tu voudras, le mien ami, je t'aime.

Et comme si elle eût attendu le coup mortel, Janille courba la tête et mit ses mains en croix sur sa poitrine.

— Ah ! fit-il en reculant épouvanté, qu'allais-je faire !... Malheureux !... Va-t'en, toi ! Ton nom n'est plus *Balento*.

Rejetée avec force, sa cognée, tourbillonnant, alla s'enfoncer jusqu'au manche dans le tronc d'une yeuse.

— Aimable et petite Janille, que j'aime de tout mon cœur, reprit-il bientôt avec une exquise expression de repentir, et tout apaisé, que je suis méchant et que vous êtes bonne, vous !

Elle ne put et ne sut que l'embrasser encore et sans cesse, pendant qu'il disait, contrit et pleurant à chaudes larmes :

— Le chagrin de nous quitter m'avait fait perdre la tête, et ma langue remuait malgré moi. J'étais devenu fou. J'étais fou.

— Pauvre Guillen !

— Tu dois m'en vouloir, petite.

— Oh ! non.

Il sourit et dit encore :

— Que tu es bonne, Janille, et que moi, je suis méchant !

— Je n'ai plus de chagrin, fit-elle, tu vois, je ris.

Il lui baisa les mains et les bras avec adoration ; ensuite, s'étant vite approché de l'yeuse, il en retira très-délicatement la cognée qui vibrait encore dans l'entaille.

— Tu as pitié de l'arbre, et tu dis que tu n'as pas bon cœur !

— C'est que l'outil coupe beaucoup, Janille : il a fendu l'écorce et taillé dans le vif, il est allé profond... jusque-là, regarde.

Elle s'approcha, curieuse de voir, et pendant qu'elle examinait la blessure de l'yeuse, Inot qui promenait machinalement ses doigts au tranchant de la hache, Inot tressaillit jusqu'en ses fondements : il venait de se rappeler tout à coup les paroles sinistres que la veille, à l'auberge des *Trois-Rois*, chez Astaruc le Gascon, à La Française, le marchand d'hommes avait dites au conscrit trop bien charpenté pour être mis a la réforme.

— Oh! enfin! murmura-t-il entre ses dents serrées, enfin!!!

— Quoi donc, Guillen?

— Sauvé! Janille, je suis sauvé!

— Jésus-Maria!.. Qu'as-tu donc encore à présent et pourquoi trembles-tu si fort, toi, Guillen, ô mon cœur? Comme tu trembles! Eh! qu'as-tu? demanda-t-elle, effrayée à nouveau.

— Ne t'inquiète pas, ce n'est rien, répondit-il en s'efforçant en vain à sourire, et quoiqu'en effet je tremble un peu, je pourrais bien encore marcher avec toi jusqu'à la Borde-Noire, et peut-être même jusqu'à Sainte-Livrade.

Ils sortirent à petits pas de la moraine, et, bientôt après, ils cheminaient entrelacés et pensifs à travers la plaine endormie à cette heure et baignée, en presque toute son étendue, de molles et blanches clartés sidérales.

— Eh bien ! parle-moi donc, Guillen, dit-elle, après un grand moment de silence, on dirait que tu recommences à redevenir triste. Pourquoi regardes-tu toujours tes doigts ?

— Il le faut ; c'est décidé, murmura-t-il, et bien décidé.

— Décidé ? quoi ?

— Janille, oui, Janille !...

— Eh ! quoi ?

— J'ai trouvé le moyen, je te jure que je l'ai trouvé.

— Le moyen ?

— Oui, le moyen ; oui.

— Pour l'amour de notre Dieu Jésus de Nazareth, explique-toi mieux, Guillen.

— Eh bien ! puisque tu veux tout savoir, voici : je n'irai pas à l'armée.

— Du tout ?

— Pas du tout.

— Ah !...

— Janille, je te dis que j'ai trouvé le moyen de ne

pas quitter le pays et de rester ici toute ma vie avec toi, Janille, avec toi.

— Par exemple! Bien sûr? Et ce moyen, le crois-tu bon?

— Oh! certes, un bon moyen, un moyen infaillible, assurément.

— Tiens!... pour voir, dis-le-moi, fit-elle en s'accrochant à lui, toute joyeuse.

— Il faut que j'y pense encore..., je te le dirai plus tard... demain, après-demain, mais pas aujourd'hui, Janille.

— Ainsi, tu dis la vérité, nous ne nous séparerons pas, Guillen?

— Nous ne nous séparerons pas.

— Seigneur, Seigneur du ciel! moi je vous remercie et remercie aussi la Marie.

Elle riait et pleurait tout à la fois, et sans en demander plus long, elle l'embrassait à chaque instant, et répétait sans cesse et sur tous les tons avec des grimaces adorables et folles :

— Oh! que je suis contente! Oh! que je suis contente!

Il faisait bien tout son possible pour avoir l'air de partager la joie dont elle était inondée; il lui disait bien des mots tendres et jolis comme ceux qu'elle inventait; il lui rendait bien caresse pour caresse et baiser pour baiser; il lui serrait doucement les mains, il lui prenait la tête, il lui souriait bien, et pourtant il y avait on ne sait quoi de pénible dans son sourire; il y avait dans ses regards une amertume qui persistait à les assombrir, quoi qu'il fît pour les rendre heureux.

— Adieu, Janille, adieu, la mienne, dit-il, comme ils allaient prendre le tournant de la Borde-Noire, et mettre les pieds dans le chemin de traverse menant à la rive droite du Tarn.

— Hé donc! Guillen, tu ne viens pas un peu plus loin avec moi?

— Non, fit-il soucieux, ça ne se peut point... Te verrai-je demain?

— Oui, peut-être.

— Il faut, à tout prix, que demain encore je te voie...

— Et pourquoi faire ?

— Il faut que demain tu reviennes à la Crête-des-Chênes : il le faut.

— Alors, puisque c'est ta volonté et que la femme doit toujours obéissance à son mari, j'irai, quoi qu'il se passe à la maison, te rejoindre demain au milieu du bois.

— Et si l'on t'enferme et que la Roumanenque tire sur toi les verroux ?

— Oh ! si l'on m'enferme... Eh bien ! je sortirai tout de même.

— Alors, c'est convenu, je compte tout à fait sur toi, Janille.

— Oui, tu peux y compter, Guillen.

— Adieu donc ! Embrasse-moi, encore..., encore, encore !...

Et, tout à coup, après l'avoir repoussée, il la reprit

à bras-le-corps et la baisa de nouveau, cette fois avec tant de passion que Janille, déchirée par de si fougueuses caresses, souffrait et pleurait de son bonheur. Enfin, il s'arracha douloureusement à l'étreinte étroite de celle qu'il aimait par-dessus tout au monde, et se mit à courir, en remontant vers la forêt.

— Eh! Sainte-Vierge! pourquoi donc, s'en va-t-il comme ça si vite? se disait Janille, qui bientôt le perdit de vue.

Elle s'assit on ne peut plus inquiète, au bord d'un champ de lin.

« O mon Dieu! quelque chose le tracasse et le pousse à mal, je le crains. Il m'a parlé bien drôlement, et m'a quitté de même tout à l'heure. Il tremblait en m'embrassant. Il avait les yeux tout troublés et le visage à l'envers. Il était tout *chair-tourné*. Qui sait! il a peut-être une mauvaise idée.

En vain s'opiniâtra-t-elle à conjecturer le probable, et, sinon le vrai, le possible, elle ne trouva rien qui pût offrir quelque prise à ses alarmes, lesquelles ne cessaient pas de s'accroître à chaque instant. Elle avait peur; elle tremblait. Pourquoi ? Comment ? Elle ne savait pas, elle ne pouvait pas savoir, et néanmoins elle eût juré qu'elle avait raison, trop raison de trembler et de craindre... Absorbée en ses réflexions, à peine appréciait-elle les bruits ambiants, et cependant la campagne était pleine de rumeurs ; on entendait quelques chants de cigales; les raines tapageaient, juchées sur les ramures; les grenouilles coassaient à fleur d'eau parmi les marécages ; amoureux, des lièvres et des hases jetaient leur petit cri plaintif et jouaient dans l'herbe au clair de lune ; ici, là, partout, crépitaient des myriades de grillons ; il y en avait autant qui bruissaient dans le val que d'étoiles luisantes à la voûte du ciel.

— *Lou Xoc !* s'écria Janille en sursaut, l'oiseau de la malédiction !

Le hibou qu'elle venait d'entendre ululer auprès d'elle, au milieu du feuillage, ulula derechef au faîte d'un châtaignier.

« Ah! plus de doute, à présent. Un malheur menaçait Guillaume, ou plutôt elle et lui, car ils ne faisaient qu'un, eux deux! Hélas! elle ne s'était pas trompée. Elle avait eu bien raison de craindre et de trembler, oui. Ses craintes étaient confirmées par l'oiseau. Guillaume était en péril, et le péril devait être grand, très-grand, puisque l'avertisseur était là miaulant et miaulant à gauche, vers le bois. »

— Il arrivera ce que Dieu voudra, dit-elle, je vais le rejoindre.

Elle se leva, courut, vola droit à la forêt. A peine ses pieds touchaient-ils à terre, elle avait vraiment des ailes. En cinq minutes, elle fit un kilomètre, en moins de temps un second, et tout aussi vite un troisième. Bientôt elle atteignit la moraine. A chaque coude du sentier et derrière chaque pli du sol, elle croyait apercevoir Guillaume. Elle l'avait dans les yeux. Ici, là, partout, plus loin encore, elle le voyait et l'appelait : « Ao-oh! Guillen, ao-oh! » Hélas! ce n'était pas lui, jamais lui. Vainement se crevait-elle les yeux à s'assurer si quelque ombre humaine ne se profilait pas au milieu des langues de lumière allongées par les étoiles aux croupes des mamelons ; elle ne distinguait rien, rien que les silhouettes immobiles des buissons et des arbres, et la masse noire et compacte des futaies.

— Comme il a galopé ! se disait-elle hors d'haleine en gravissant les rampes forestières, je ne le vois nulle part. Où donc est-il ? « Ao-oh ! Guillen, ao-oh ! Ah ! ho ! ho ! Ah ! » Il ne m'entend pas ; je ne le vois pas. Il est donc bien loin.

En effet, il était loin, Guillaume, déjà loin, sous bois. Il allait bientôt arriver à la Crête-des-Chênes et répétait sans cesse en s'examinant les bras, les mains, les doigts :

— Ce moyen est sûr. Il avait raison, le marchand d'hommes : *Une, deux, ça y est. On croira que tu ne l'as pas fait exprès, forgeron, et le gouvernement ne te tracassera pas, et tu n'iras pas à l'armée. Une ! deux, et...* Il avait pardi ! bien raison, le marchand d'hommes !..

Et Guillaume allait, marchant à travers les ronces et par-dessus les fondrières, escaladant les déclivités d'un terrain mobile et crayeux et qui s'escarpait davantage à chaque pas; il allait tête baissée devant soi, sans qu'aucun obstacle pût ralentir sa course. Un arbre déraciné barrait la pente, il le franchit. La pente était coupée çà et là, par des ravines, il passa outre. Un épais et sombre fourré s'offrit à lui, tout hérissé d'épines, il s'y jeta violemment. On eût dit un loup allant à travers les taillis, ou bien un sanglier roulant dans sa bauge. Enfin, après avoir troué de part en part les broussailles qui lui faisaient face, il déboucha, les vêtements et la peau déchirés, sur un plateau conique où, gigantesques, des arbres amalgamaient leurs cimes dans la nue. Il était au sommet de la Crête-des-Chênes, il était devant sa cabane.

Adossée à des troncs énormes et chenus, elle avait l'air d'une ruche tapie sous la frondaison. Toit de chaume, charpente de branchages à peine équarris, murs de terre, envahis de mousse et couronnés de saxifrages, deux fenêtres, l'une au levant, l'autre au ponant, un seul étage. Le seuil s'enfonçait sous un hangar. Il y avait là, dans un coin, à droite, appendus à des pieux, quelques ustensiles de bûcheron : une masse, plusieurs maillets, une scie, une romaine, une faux dentée, des faucilles et des ciseaux d'émondage ; à gauche, des coins de fer et des coins de bois, des piquets épars sur le sol, un sarcloir, une échelle, une pioche, un hoyau, des pelles, des bêches, quelques fléaux à battre le blé, plusieurs faucilles à couper la moisson, une grande faux entaillée et tout oxydée, une écobue, un faisceau de perches, une chèvre, un cul-de-chêne en guise de billot ; enfin, tout près de la porte, un lit de feuilles où Guillaume aimait à reposer, la nuit, quand le temps était beau.

Ayant pénétré sous le hangar, il y déposa sa cognée, et s'assit sur la pierre du seuil.

— Allons, dit-il, il le faut.

Et, tragique, il songea.

La forêt tout entière était plongée dans ce grand silence nocturne qui courbe l'âme de l'homme au recueillement et la remplit d'une vague et religieuse terreur. Rien ne bougeait, tout était immobile au faîte ainsi qu'à la racine des arbres géants baignés dans l'ombre et dont, parfois, aux clartés stellaires, les fûts noirs et noueux apparaissaient semblables aux colonnes colossales d'un temple. Aucun brin d'herbe, aucune feuille n'étaient agités du moindre frisson, et tout vivait cependant, quoique rien ne donnât signe de vie. On sentait, plutôt qu'on ne l'entendait, une immense respiration, profonde et régulière, qui semblait sortir des entrailles augustes de la terre et s'étendre en ondes invisibles au sein même de l'air. Habitué dès l'enfance à ce sommeil imposant de la nature, lequel sommeil, qu'on soit sur les eaux, à la cime des montagnes ou dans les solitudes des bois, attendrit l'âme la plus dure et trouble la plus hardie, Inot, dont la vie était peut-être intimement liée à la vie des hêtres et des chênes séculaires au milieu desquels il était né, parmi lesquels il avait grandi, les considérait, intrépide, avec une piété triste, et, penché vers eux, il écoutait... Entendait-il bruire en eux l'âme universelle des choses qui s'y mouvait depuis plus de mille ans et comprenait-il cette mystérieuse langue que parlent les mers, les monts, les bois ?... il joignit les mains et s'agenouilla sur le seuil même de sa cabane. Quand, après une longue et muette prière, il releva son front qui, docile à l'ordre d'on ne sait quel Dieu occulte, s'était incliné vers la terre, toute la forêt resplendissait, visitée de la lumière douce des astres, et des buées embaumées montaient lentement à travers la ramure. Ému jusqu'aux larmes, il voyait à la pointe de chaque branche d'arbre étinceler une étoile, et chaque étoile semblait un fruit naturel appendu dans le feuillage et qu'une main humaine eût pu cueillir... Inot, ébloui, pleura. Sa forêt natale ! sa mère !... il ne l'avait jamais vue si profonde, si glorieuse, si noble, si belle, si grande ! Avait-elle voulu se montrer à lui telle quelle, dans sa majesté divine, au moment du suprême adieu. « Mère, mère, je ne veux pas te quitter, je veux vivre auprès de toi. » Ce cri qui gonflait le cœur de Guillaume expira dans sa bouche. Il s'était remis debout, un tremblement terrible ébranlait tout son corps; soudain l'expression pieuse de ses regards changea. Ce n'était plus « Amour ! » que disaient ses yeux; ils disaient : « Colère ! » et bientôt, ils dirent : « Haine ! » Il venait de voir, il voyait encore au milieu d'une éclaircie où frappait en plein la lune, de vieux arbres qu'on avait abattus la veille sur l'ordre de la commune; et les membres épars et tout saignants ainsi que les troncs mutilés des grands chênes d'où sortait, lui semblait-il, on ne sait quelle lamentation presque humaine, on ne sait quelle longue plainte d'agonie, avaient brusquement porté son âme à des pensées de destruction et de mort. En proie à leur tyrannie, il s'était rappelé que, pris un jour de fureur subite contre des bûcherons chargés par l'autorité municipale d'abolir un coin de sa forêt chérie, il avait, ne permettant à personne d'y toucher, égorgé de ses propres mains cent arbres vénérables; il se voyait encore par un ciel éclatant, sous une pluie de branches et de feuilles tombant de toutes parts autour de lui, cogner, tandis que l'écho redisait le gémissement lamentable et prolongé du bois, cogner, à moitié fou de rage et de douleur, cogner les arbres sacrés, et, sacrilége, plonger *Balento*, sa hache meurtrière toute ruisselante du sang des chênes, au cœur des plus hauts et des plus nobles hôtes du pays. A ces souvenirs de carnage qui réveillaient tout ce qu'il y avait encore en lui de farouche et d'insoumis, il se sentait frémir dans tout son être, et l'idée de ne pouvoir jamais se soustraire à l'expatriation dont il était impérieusement menacé le possédant et le poussant, il allait cette fois, accomplir un bien plus sanglant sacrifice : avec toute son énergie, avec toutes ses forces, avec tout son désespoir, il allait se ruer au milieu de la plus épaisse et de la plus solitaire des futaies, et là, cognant et fauchant, amonceler débris sur débris ; ensuite, il se dresserait au-dessus des arbres immolés, et debout au comble d'un immense amas de branchages auxquels il aurait mis lui-même le feu, il s'ensevelirait sous les restes fumants de sa forêt dévorée par les flammes ; et quelques heures plus tard, au grand soleil levant, les populations épouvantées des campagnes du Quercy, attirées sur le lieu du sinistre par la lueur de l'incendie, chercheraient en vain le mont verdoyant et magnifique, où, près de la nue et la veille encore, apparaissaient superbes et se balançant dans les airs, les arbres prodigieux de la Crête-des-Chênes. Oh ! cela valait mieux, cent fois mieux, que d'aller au loin, sur la terre étrangère, mourir de langueur, ainsi que meurent les timides et les femmes ; oui, oh ! oui, cette belle mort était préférable au moyen horrible enseigné par le marchand d'hommes et puisqu'enfin, il fallait en finir, autant en finir tout de suite, en mourant comme un brave, comme un homme, les pieds sur la terre natale, les yeux sur le ciel natal. « Avec toi, s'écria-t-il en adjurant la forêt, avec toi, je mourrai, mère ; avec toi, je vais mourir. »

— Et Janille ?...

Il retomba, défailli.

« Janille ! » Il avait peur de la mort à présent. « Janille !... » Il était lâche, il était vaincu. « Janille ! Janille ! » Il voulait vivre. Il avait soif de vivre...

Et tout plein d'elle, empli de cette émotion incomparable et miraculeuse que ni les arbres, ni le soleil, ni la terre, ni le ciel ne lui avaient jamais donnée, encore tout palpitant au souvenir de cette félicité suprême à laquelle Janille l'avait initié quelques heures auparavant, et dont la pensée seule lui causait de si douces défaillances et de si doux vertiges, il en revint à se dire que pour vivre paisible avec sa femme aimée et ses bois amis, il n'y avait réellement qu'un moyen unique, et que cet unique moyen était celui qui l'avait poussé naguère à quitter si brusquement Janille au ras de la Borde-Noire.

—Allons, il le faut! dit-il une seconde fois en regardant le ciel.

La lune, naguère argentée, à présent toute rouge, éclairait jusqu'au moindre recoin de la maisonnette. Des hirondelles, sorties de leurs nids adhérents aux solives du porche, ricochaient autour de Guillaume, qui, pâle, ne bougeait pas. Étudiant ses deux mains l'une après l'autre, il semblait qu'il eût à choisir l'une d'elles. L'examen fut long, minutieux. Il avait l'air d'hésiter. Enfin, il se leva, saisit sa cognée, en tâta le tranchant, et, courageux, tranquille, il étendit sa main droite sur le billot. Un rayon de lune passa sur le fer de la hache. Inot tressaillit, ensuite il leva la tête et dit:

— J'ai froid.

Ses yeux allèrent alternativement de la cognée au billot et du billot à la cognée. Muscles et nerfs, tout son corps se roidit. La hache étincelait au-dessus de sa tête et ne s'abattait point. Tout à coup la main condamnée se rétracta. Seul, un de ses doigts, *celui qui tire la gâchette*, l'index, apparut, allongé sur le cul de chêne.

— A toi, frappe juste, BALENTO !

La cognée descendit.

— Couard, dit-il.

Plus fort que sa volonté, l'instinct lui avait fait retirer un peu le doigt. Le coup n'avait emporté que l'ongle. Cela ne suffisait point.

Alors, méthodique et brutal, il assujettit à l'aide d'une corde son poignet sur le billot.

— Pour voir, à présent.

La hache remonta, verticale.

— ...... !!!

Un cri remplit la Crête-des-Chênes, cri de désespoir et d'effroi, cri de folie ! Et Janille, échevelée, ensanglantée, en pleurs, en sanglots, en loques, surgissant au milieu des arbres, arriva d'un bond au seuil de la cabane.

Trop tard.

Il était trop tard.

Inot venait de s'abattre sur le sol, et tronquée, encore attachée au cul-de-chêne, sa main éjaculait des flots de sang.

— Guillen, réponds-moi, criait Janille, Guillen, Guillen!

Comme il ne bougeait pas, elle crut qu'il était mort.

— Il s'est tué! au secours! Il s'est tué!...

— Ce n'est rien, n'aie pas peur, ma Janille, dit-il en revenant à lui. Ce n'est rien. A présent, nous ne nous quitterons plus. Ils me laisseront ici. Je n'irai pas à l'armée. Ils ne me prendront pas comme me voilà; regarde.

Il montrait sa main mutilée.

— Seigneur! Notre Seigneur! s'écria-t-elle en le couvrant de baisers et de larmes, tu as fait cela, Guillen!

— Oui, pour nous ; c'est pour ne plus nous quitter, que je l'ai fait.

Elle avait déjà dépouillé sa camisole et l'avait déjà mise en lambeaux.

— Oh ! mon Dieu ! Te faire tant de mal ! disait-elle tout aspergée de sang, en lui bandant la blessure ; qu'il t'a fallu du courage ! oh ! mon Dieu ! Ton doigt, ton pauvre doigt, je veux le porter moi-même en Terre-Sainte, au cimetière de Saint-Guillen, ton patron... Ah ! pour faire cela, malheureux, quel courage il t'a fallu.

— J'ai pensé à toi, Janille, et je me suis dit que c'était bien peu de chose que de me couper un morceau de ma chair pour l'amour de toi.

— Le mien ami !... *Moun Angel et moun Rey* (mon Ange et mon Roi)... Je suis ta femme !... et si ma mère et le méchant langoyeur viennent ici me chercher, ajouta-t-elle avec décision, je ne les suivrai pas.

— Donc, enfin, c'est bien vrai ! dit Inot accroché

de sa main suppliciée au cou de Janille, et de l'autre embrassant la forêt ; je ne quitterai pas tout ce que j'aime !

Hélas ! il se trompait du tout au tout en pensant que son cruel sacrifice ne serait pas suivi d'autres épreuves.

Arrêté la nuit suivante pendant son sommeil par une brigade de gendarmerie, il fut, malgré les larmes et les supplications de Janille, transporté sur une charrette au Castel-Rial de Montauban. En prison, il apprit que celui des bûcherons qu'il avait si bien maté jadis était venu le dénoncer, et qu'il aurait à rendre compte de son amputation à qui de droit. Accusé de s'être mutilé volontairement pour se soustraire à la conscription, il passait, en effet, quelques jours après devant un conseil de révision qui le déféra sur-le-champ aux tribunaux civils. Au parquet on lui fit coup sur coup subir divers interrogatoires ; aux juges et greffiers qui lui parlaient de son doigt coupé avec préméditation il répondit invariablement qu'il aimait et voulait revoir Janille : on ne put jamais lui en tirer davantage. Heureusement pour lui, Janille n'avait pas perdu la tête et n'était pas restée cinq minutes inactive. Elle avait eu la bonne idée d'aller conter ses peines au curé de Saint-Guillaume, celui-là même qui jadis avait baptisé, puis nourri quelque temps Guillaume à la fiole. Au récit qui lui fut fait, le vieux desservant de la paroisse rurale, bien que difficilement accessible à la sensibilité, se sentit remué jusqu'aux entrailles. Sans perdre une minute, en dépit des aigres observations de sa servante Thècle qui l'appelait « vieux fou, vieil intrigant, toujours prêt à se mêler de ce qui ne le regardait pas, » il sella lui-même son bidet d'Auvergne et partit au petit trot pour Montauban. On disait et l'on avait bien raison de dire dans les campagnes qu'il avait la manche fort longue : son voyage au chef-lieu du Tarn-et-Garonne eut d'assez bons résultats. Il vit le préfet du département, il vit le maire de la ville, il vit le général commandant la subdivision militaire, lequel était bel et bien cousin du maréchal de France, ministre de la guerre et membre du conseil privé du souverain, il vit l'évêque du diocèse, il vit les RR. PP. Jésuites, directeurs du petit et du grand séminaire, il vit de très-grandes dames, il vit aussi beaucoup de petit monde, il vit le diable et son train, et puis, il vit enfin Inot tout dépéri dans le fond de sa prison. Il lui dit des choses assez consolantes, entr'autres celles-ci que l'affaire allait marcher vite et que lui, Guillaume, ne resterait pas, s'il plaisait à Dieu, encore bien longtemps enfermé. Cela dit, il embrassa son filleul et revint, toujours au petit trot, vers ses ouailles. Un bien brave homme! et Guillaume ne tarda pas à s'en apercevoir. En effet, on instruisit vite la cause et comme le prévenu n'avait pas de quoi se payer un défenseur, on lui nomma un avocat d'office. Ce que c'est pourtant que le sort! Le sort clément et qui connaissait peut-être un peu certain curé campagnard, voulut que le choix du tribunal tombât sur un tout jeune homme inscrit le dernier au barreau et l'aîné des fils du commandant de place. On vantait ses capacités et son goût, il arrivait de Paris : toute la ville assiégea le Palais-de-Justice le jour qu'il s'y fit entendre. En somme, si les présomptions abondaient, on ne pouvait élever une seule preuve contre Inot, et son dénonciateur, assigné comme témoin, eut beau dire et dire « qu'il avait vu sous bois le bouscassié se traînant avec peine et la main droite encore emmaillottée de linges tout trempés de sang, » ce témoignage, aux yeux du tribunal, était loin d'établir d'une manière péremptoire la culpabilité du prévenu. Sans doute, le ministère public comprit très-bien aussi que l'accusation manquait de base, car il argua presque avec mollesse et laissa même entrevoir qu'il comprendrait à merveille un acquittement. On ne voulut pas contredire sa façon de voir, et les juges, en acquittant Inot, eurent donc la satisfaction de contenter bien des gens à la fois et d'être non-seulement très-agréables au commandant de place, qui, tout couvert de décorations, assistait, en grand uniforme, aux débuts de son fils aîné, mais encore au jeune défenseur lui-même, ancien élève des Révérends Pères de la Compagnie de Jésus, et qui d'ailleurs avait trouvé pendant sa plaidoirie des accents d'éloquence à ce point entraînants que la chambre tout entière avait éclaté en applaudissements et que Janille en larmes, et délirante au milieu de l'auditoire, avait voulu franchir la barre et s'élancer à Guillaume ému comme elle sur le banc des accusés, et lui tendant les mains. En entendant prononcer par le président sa mise en liberté, Inot fit un saut terrible de joie et retomba dans les bras de son amie inconsolable jusqu'à ce moment et dès lors consolée, et tous deux, ayant salué le monde qui les environnait, ils sortirent du palais, se tenant par les doigts à la manière des amants rustiques. Il avait été déclaré judiciairement que Guillaume Inot ne s'était pas mutilé à dessein, en conséquence, le lendemain du jugement rendu par le tribunal de première instance de Montauban, un conseil de révision tenu dans cette même ville reconnut sans difficultés aucunes le même Inot impropre au service militaire et le réforma séance tenante. O bonheur ! on ne l'enverrait pas aux pionniers en Afrique ; il n'irait donc point à l'armée, on ne le séparerait plus, jamais plus de sa Janilie, il était libre enfin. Heureux de ce beau dénoûment, ils coururent tous les deux ensemble et d'une seule traite en annoncer la nouvelle au presbytère de Saint-Guillaume. En apprenant de quelle manière les choses s'étaient passées à la ville, le vieil abbé poussa deux soupirs de satisfaction, entra dans sa plus belle soutane, et s'étant aussitôt remis en selle, il se rendit dare dare à Sainte-Livrade, chez la Roumanenque ; elle refusa d'abord et de telle sorte à consentir au mariage de sa fille avec le bouscassié, que, pour l'amener à composition, il fallut employer mille moyens ; heureusement, le zélé négociateur avait le fil de la langue bien coupé et parlait d'or ; amadouée la veuve du passeur obéit si bien aux avis qu'on lui donnait sans compter, qu'un mois plus tard elle conduisait elle-même Janille, tout habillée de blanc, et la guirlande au front, à l'église de Saint-Guillaume le Tambourineur, où Guillaume, accompagné du vieil Andoche Kardaillac qui parlait aux gens du cortége de la Première et Grande République, arriva tout habillé de neuf, un bouquet de lys à la main. Après la messe qui fut dite au son des cloches branlées à toute volée, Inot et Janille furent embrassés chaudement par le « parrain », encore couvert des habits sacerdotaux, et puis, étant sortis de la sacristie en échangeant l'anneau d'or que chacun d'eux avait autour du doigt, ils allèrent présider la fête nuptiale. Antoine Fonsagrives, inévitablement pavoisé de sa rouge enseigne et flanqué de son inséparable *labri* Talabar, était de la noce aussi, lui ! Sa bourse restait intacte ; il trouvait tout à souhait : « Un homme tel que toi, brave bouscassié, que je porte en mon cœur, soupirait-il sans cesse en cajolant Inot, avait seul la chance de devenir le mari de ma nièce et même mon neveu, foi de langoyeur ! » Et chaque protestation de cette nature était à l'instant appuyée d'un bon coup de vieux rouge à M. le curé, car le repas nuptial eut lieu dans la plus grande pièce du presbytère, où, chose fort rare et presque unique en ce monde, on vit ce jour-là trinquer ensemble l'Amour, le Vin, la Gloire et la Foi. Nopce et festin enfin terminés, Inot et Janille revinrent tous deux seuls en Forêt, ils y sont, ils y vivent : lui, bûcheronne ; elle, travaille l'osier et le lin. « Oh ! les amoureux de la Crête-des-Chênes, dit-on dans le pays, ils respirent et parlent par la même bouche, on ne peut pas se marier davantage et mieux, et, par l'éclair de là-haut ! on jugerait qu'ils ne font qu'un, elle et lui. »

Moulin de la Lande-en-Quercy, 1866.

Achevé d'imprimer

LE PREMIER MAI MIL HUIT CENT SOIXANTE-NEUF

Par L. TOINON & C*e*

à Saint-Germain

POUR

ALPHONSE LEMERRE, LIBRAIRE

à Paris

www.ingramcontent.com/pod-product-compliance
Lightning Source LLC
Chambersburg PA
CBHW060637170426
43199CB00012B/1581